TWO STORIES

THOMAS MANN
TWO STORIES

Unordnung und frühes Leid
Mario und der Zauberer

EDITED BY THE LATE WILLIAM WITTE

PUBLISHED BY BRISTOL CLASSICAL PRESS
GENERAL EDITOR: JOHN H. BETTS
GERMAN TEXTS SERIES EDITOR: PETER HUTCHINSON

First published in this edition 1971 by Basil Balckwell Ltd

First published by Bristol Classical Press in 1993

Bristol Classical Press
is an imprint of
Gerald Duckworth & Co. Ltd
The Old Piano Factory
48 Hoxton Square, London N1 6PB

A catalogue record for this biook is available
from the British Library

ISBN 1-85399-366-2

Available in USA and Canada from:
Focus Information Group
PO Box 369
Newburyport
MA 01950

Printed in Great Britain by
Booksprint, Bristol

FOR MARY

CONTENTS

Chronology of Thomas Mann's Life and Principal Works   viii

Introduction   xi

Bibliographical Note   xxxi

Unordnung und frühes Leid   3

Mario und der Zauberer   49

Notes to *Unordnung und frühes Leid*   107

Notes to *Mario und der Zauberer*   118

CHRONOLOGY

1875, June 6. Thomas Mann born at Lübeck; second son of Johann Heinrich Mann, grain merchant and Senator of Lübeck, and of his wife Julia, née da Silva-Bruhns.

(Thomas Mann's forebears on his paternal grandfather's side had been merchants and tradesmen in Lübeck and in various towns in Mecklenburg; on his paternal grandmother's side, merchants, craftsmen, and peasants in Switzerland; on his maternal grandfather's side, traders and seafaring men on the Baltic coast; and on his maternal grandmother's side, planters of Portuguese origin who had emigrated to Brazil. A detailed genealogy is given at the end of Victor Mann's book *Wir waren fünf*, Constance, 1949, pp. 600-1.)

1891. Death of Johann Heinrich Mann. His widow settles in Munich, leaving Thomas at Lübeck to finish his schooling.

1893. Leaves school and follows his mother to Munich.

1893-5. Clerk in an insurance office for a year; non-matriculated student at the University of Munich: attends lectures on literature, history, and economics.

1894. Publishes his first story (*Gefallen*) in the literary periodical *Die Gesellschaft*.

1895-7. Joins his elder brother Heinrich in Italy and stays with him in Rome and at Palestrina.

1898. His first book of short stories, *Der kleine Herr Friedemann*. (The story which bears that title had been previously published in the journal *Neue deutsche Rundschau*.)

Back in Munich; on the editorial staff of the comic paper *Simplicissimus*.

1901. *Buddenbrooks* (begun in Rome, completed in Munich)

1903. *Tristan, Gladius Dei, Tonio Kröger*

1904. *Fiorenza* (a three-act play, first performed in Munich; the author's one and only work for the stage; published 1905).

1905. Marries Katja Pringsheim, daughter of a Professor of mathematics. Six children: Erika (born 1906), Klaus, Gottfried ('Golo'), Monika, Elisabeth (born 1918: the 'heroine' of *Gesang vom Kindchen* and the prototype of Lorchen in *Unordnung und frühes Leid*), and Michael (born 1919).

1909. *Königliche Hoheit*

1910. His younger sister Carla commits suicide.

1911. *Bekenntnisse des Hochstaplers Felix Krull* (first fragment).

1912. *Der Tod in Venedig*

1915. *Friedrich und die große Koalition*

1918. *Betrachtungen eines Unpolitischen*

1919. Receives an honorary doctorate from the University of Bonn.

1922. *Rede und Antwort* (a volume of essays)

1923. Death of Thomas Mann's mother

1924. *Der Zauberberg*

1925. *Bemühungen* (essays)
    Visits Spain.

1925-6. *Unordnung und frühes Leid*

1926. *Lübeck als geistige Lebensform* (a speech delivered on the occasion of the seventh centenary of his native town)
    Visits Paris.

1927. His other sister Julia commits suicide.

1929. Receives the Nobel Prize for Literature.

1930. *Mario und der Zauberer*
    Die Forderung des Tages (essays)
    Visits Egypt and Palestine.

1932. *Goethe als Repräsentant des bürgerlichen Zeitalters; Goethes Laufbahn als Schriftsteller*

1933. *Leiden und Größe Richard Wagners* (an address delivered in the University of Munich)
    Leaves Germany; settles at Küsnacht near Zurich.

1933-43. *Josef und seine Brüder*

1935. Receives the honorary Degree of Doctor of Philosophy from the University of Harvard.

1936. Thomas Mann is deprived of his German citizenship; the University of Bonn strikes his name off the list of its honorary graduates.

1938. Makes his home in the United States, first at Princeton, New Jersey, later (1941) at Pacific Palisades, California.

1939. *Lotte in Weimar*

1944, June. Acquires American citizenship.

1945. *Adel des Geistes* (sixteen major critical essays, reprinted in one volume)

1946. The University of Bonn restores his honorary Degree.

1947. *Doktor Faustus*
First visit to Europe after the war

1948. *Neue Studien* (five essays)

1949. *Die Entstehung des Doktor Faustus*
Revisits Germany for the first time since 1933.
Receives the honorary Degree of D.Litt. from the University of Oxford.
His eldest son, Klaus Mann, commits suicide.

1951. *Der Erwählte*

1953. *Altes und Neues* (essays, addresses, articles, and letters, culled from the work of five decades: 'Kleine Prosa aus fünf Jahrzehnten')
Returns to Switzerland and eventually makes his home at Kilchberg near Zurich.

1954. *Die Bekenntnisse des Hochstaplers Felix Krull*, vol. 1

1955. *Versuch über Schiller*

1955, August 12. Thomas Mann dies at Zurich.

INTRODUCTION

On 6th June 1955 Thomas Mann attained the patriarchal age of fourscore years, and his many admirers eagerly seized the opportunity of hailing him once again as the most eminent writer of his day. The echo of their acclamations had scarcely faded away when the world received the news of his death. A long, varied, prodigiously productive life had come to an end; a representative figure had passed away, and his passing marked the end of an era.

In a sketch of his life, published at the time of his seventy-fifth birthday (*Meine Zeit*), Thomas Mann speaks of the privilege enjoyed by his own generation:

'It is no small thing (he says) to have belonged to the last quarter of the nineteenth century – a great century –, to have witnessed the silver age of bourgeois liberalism: to have lived in that world, to have breathed its air. One feels tempted to say, with the arrogance of old age, that it gives one a cultural advantage in comparison with those who were born straight into the present period of disintegration: a fund and a dowry of culture which later arrivals lack – without missing it, of course.'

These, it might be said, are the words of an old man who is looking back upon his youth from the summit of a distinguished career and extolling, in an appropriately nostalgic vein, the tradition in which his work was rooted. But such a comment, though obviously true up to a point, would fall short of the whole truth. Thomas Mann did not require the perspective of old age to see the signs of the times; even as a young man he sensed the dangers that threatened upper middle-class society from without and from within, however solid and secure it might appear to less perceptive eyes. In his first major work, *Buddenbrooks* – written when he was in his early twenties, and destined to become a popular classic of our time – he had pictured the decline of a family of well-to-do North-German merchants. In the course of four generations the Buddenbrooks learn, to their cost, that growing refinement and fastidiousness in matters of taste may have to be paid for by a loss of vitality, even to a point where an insidious death-wish paralyses the will. Decay, disease, and death, closely linked with the most delicate sensibility, with introspection, with artistic genius: and, as a result, confusion of values, spiritual uncertainty – these themes continued to haunt Thomas Mann's mind. He returned to them in *Der Zauberberg*, a work even more massive and ambitious than the family saga of the Buddenbrooks, in which he set out to diagnose the ills of European society on the threshold of the First World War. The sanatorium for consumptives in which the scene of the novel is laid symbolises the pre-war world; its inmates, hectically avid for life, are compelled by the inroads of disease to live on intimate terms with death. The hero, a young engineer from Hamburg, who succumbs to the spell of the magic mountain and remains its willing prisoner for seven years, is exposed to all the winds of doctrine and to all the temptations, moral as well as intellectual and political, that trouble modern man in an age of crumbling faith and shifting standards. It is a long apprenticeship; but morbid though some of its phases are (and here, as elsewhere in his writings, Thomas Mann spares us none of the distressing clinical details), it turns out, in the end, to have been an apprenticeship to life. In his precarious position, between the devil of mere animal impulse and the deep sea of an arid, rarefied intellectuality, man must hold on to his faith in humanity. 'For the sake of love and charity man ought not to give death any power over his thoughts': that is the conclusion which the hero reaches at the end of a

long *monologue intérieur*. Having set before his hero 'life
and good, and death and evil', the author makes him
choose life, the life of civilised man who seeks to hold
the balance between the promptings of his sensual and
of his spiritual nature, between the claims of self and
the rights of others, between facile optimism and blind
despair: the life of *homo Dei*.

Thomas Mann's humanist creed – remote from any
religious orthodoxy, but not by any means without its
religious overtones – emerged more and more clearly
during the testing time between the wars and in the war
years that followed. It may seem a far cry from a modern
Swiss sanatorium to the days of the patriarchs and the
Egypt of the Pharaohs. And yet it is once more the
theme of humanity, the problem of man's place in the
world and of his relation to his fellow-men, that runs
through the four volumes of the Joseph cycle. The hero
whom we meet in the early parts of the tetralogy is a
young man of artistic temperament, charming and witty,
but dangerously self-centred. In the course of the story
he develops a sense of personal and social responsibility;
at the end we see him in high office, trusted by everyone
– not a messiah or a prophet, not a bringer of spiritual
gifts, but a benefactor none the less, the mature artist
who has come to terms with life in the service of his
fellow-men, Joseph the Provider.

Unlike Joseph, who achieves happiness and harmony,
the hero of Thomas Mann's next major work of fiction,
Doktor Faustus, ends in disaster. He is a musician of genius
who carries the artist's egoism to a monstrous extreme;
like Dr Faustus in the old German chap-book, he barters
his soul away for the sake of complete self-fulfilment,
sacrificing all other gifts of life to the daemon of his art.
The ruthlessness which Adrian Leverkühn displays in
pursuing his artistic ends parallels the ruthlessness of the
forces that had gained the upper hand in Hitler's Germany; Leverkühn's career is contrapuntally related to

successive phases of contemporary German history, and the account of his final collapse blends with the story of Germany's ruin and defeat into an apocalyptic dance of death. The sad tale gains in poignancy by being put into the mouth of a narrator who speaks with the voice and accent of a humanist. This narrator, a cultured member of that German *bourgeoisie* which plays so important a role in Thomas Mann's works, is a sane and kindly man, faithful to his religious beliefs, with a clear sense of right and wrong and a regard for the fundamental decencies of human life. He has known the hero from boyhood. During the terrifying last stages of the war he performs the self-imposed task of writing a biography of his dearest friend; with a heavy heart he records, in characteristically circumstantial detail, the tragedy of a lonely and wayward genius, seen against a background no less sombre – the tragedy of his native land.

In contrast with the harrowing sadness of *Doktor Faustus* – a sadness which is intensified rather than relieved by the ironical manner of presentation – Thomas Mann's last major novel is all gaiety and fun: rather sophisticated fun (as one would expect), but all the more entertaining for that. *Die Bekenntnisse des Hochstaplers Felix Krull* reminds one of Goethe's precept 'Without haste, yet without rest'. The unhurried movement of Mann's prose, the broad and leisurely flow of his narrative reflect a characteristic aspect of his genius. He worked with unremitting industry, but he liked to take his time over his work; like Goethe he preferred to let some subjects develop slowly in his mind, for years, for decades if necessary, before giving them final shape. In *Felix Krull* he was expanding a fragment which he had published more than forty years earlier, in 1911. It is remarkable that as a near-octogenarian he should have been planning another novel on the grand scale, and to his admirers it will always be a matter of regret that he was not spared to complete it. Even in its fragmentary form, however,

the first volume constitutes a richly satisfying contribu-
tion to its *genre*, the *genre* of the picaresque novel. After
the family chronicle of the Buddenbrooks, after the analysis of a young man's efforts to find his bearings on the
Magic Mountain, after the vast elaboration of a timeless
biblical theme in the Joseph cycle, after the witches'
sabbath that follows upon the pact with evil in *Doktor
Faustus*, Thomas Mann turns to the novel of adventure,
the rogue tale – a form which in German literature may
be traced back to its seventeenth century prototype
Simplicius Simplicissimus and which the author of *Felix
Krull* parodies with consummate skill. Not that Thomas
Mann turns away from the themes that recur throughout
his earlier works. His hero is an artist, albeit of a rather
peculiar and degenerate sort: his artistic impulse expresses itself in trickery. He is a swindler who raises
fraud to the level of a fine art, a virtuoso of deception,
and as such for ever struggling to accommodate himself
to the society in which and upon which he practises his
chosen *métier*. Once again we are concerned with the
relation between the amoral instincts of the artist – here
presented in humorous exaggeration – and social morality.
Felix Krull juggles so adroitly with moral concepts that
the distinctions between right and wrong, between truth
and falsehood become blurred; he is an equilibrist on a
moral tight-rope, an engaging rogue who by his wit and
charm compels the world, for a while, to accept him at
his own valuation, an illusionist – but not a sinister one,
like Cipolla in *Mario und der Zauberer*.

These famous novels are milestones in their author's
career. In any list of his writings they stand out, jointly
and severally – jointly, because they are linked by affini-
ties of theme; and severally, because in each one the
recurrent themes are given a new emphasis and appli-
cation. Precedence accorded to certain works should
not, however, be taken to imply disparagement of others.
In the limited space available here, those others can only

be mentioned very briefly, though each one of them is of absorbing and distinctive interest: *Königliche Hoheit*, a novel of great elegance and charm, unduly overshadowed by the popular success of *Buddenbrooks* and therefore never appreciated at its true worth; *Lotte in Weimar*, where Thomas Mann projects himself, with uncanny insight, into the mind and the feelings of the ageing Goethe, and shows how the great poet's personality impinges on his contemporaries; *Der Erwählte*, a parody and psychological analysis of a Middle High German verse tale in which the twentieth century novelist dots the i's and crosses the t's of the medieval poem.

Dedicated though he was to his art, Thomas Mann nevertheless refused to immure himself in an ivory tower. Again and again the political events of his time challenged him to declare his allegiance, and he did not choose to ignore the challenge. The First World War, the problems of the Weimar Republic, the rise of the Nazi movement, the Second World War and its revolutionary aftermath all called forth comments from his pen, ranging in length from short pamphlets and broadcast talks to the 600-page volume *Betrachtungen eines Unpolitischen*. It seems likely that these tracts for the time will gradually be forgotten as the events to which they relate recede into the past; and not a few of Thomas Mann's admirers wish that he had never written them at all. But whatever one may think of his political views, one must salute the sense of public responsibility and the strength of conviction which drove him – much against his own inclination – into the dust and heat of the political arena. How much safer it would have been, and how much more comfortable, to remain impassively aloof!

While the validity of his political writings cannot be other than controversial, there is no doubt about Thomas Mann's worth as a critic of literature. His critical horizon is not bounded by the frontiers of his native country; it extends far and wide into the literatures of France, Russia,

England, and Spain. Whatever his subject – Tolstoy or
Cervantes, André Gide or Dostoevsky – his criticism,
stimulated but not cramped by academic learning, reveals
the same quick understanding and generous sympathy.
To see him at his best, however, one must turn to his
essays on Wagner, on Nietzsche, on Schopenhauer, on
Schiller, and, above all, on Goethe: subtle, illuminating,
and eminently readable studies, in which he pays tribute
to the masters whose influence shaped his own develop-
ment.

The discernment which Thomas Mann shows in ana-
lysing the work of others is equally manifest in his obser-
vations on his own books. As a highly reflective writer,
self-critical, conscious of literary ends and means, he was
well qualified to expound his own writings. He was
often asked to do so, and he often responded; sometimes
briefly, in letters or short articles, sometimes at some
length, in such essays as *Lübeck als geistige Lebensform*,
Sechzehn Jahre, or *Joseph und seine Brüder*. Indeed, on one
occasion his commentary on a work of his own, and his
account of how it came to be written, developed into a
new book, 'the story of a novel': *Die Entstehung des Doktor
Faustus*, with the sub-title 'Roman eines Romans'.

Thomas Mann's fame as a writer of fiction rests in
equal measure upon his novels and his short stories. It
was as a short-story writer that he made his literary *début*
in the last years of the nineteenth century, and throughout his life the seasoned practitioner returned at intervals
to the form that had first attracted him as a novice. Some
of his stories are among the supreme examples of the *genre*
in German literature. This is a large claim, for the
German 'Novelle' has a noble lineage, numbering among
its exponents Goethe (who may be said to have established it in Germany as a modern literary form *sui generis*),
Tieck, Kleist, E. T. A. Hoffmann, Eichendorff, Stifter,
Gottfried Keller, C. F. Meyer, and Theodor Storm: but
it is not an excessive one. In their own distinctive way,

Thomas Mann's stories worthily continue a great tra-
-dition, and the best of them need not fear comparison
with those of his illustrious predecessors.

Chronologically the two stories in this volume belong
to the period which lies between the publication of *Der
Zauberberg* and the first part of the Joseph cycle. The
earlier one, *Unordnung und frühes Leid*, first appeared in
the periodical *Neue Rundschau* at the time of Thomas
Mann's fiftieth birthday; it was, he tells us (in the essay
Sechzehn Jahre), 'improvised' for the occasion. Perhaps
that statement should be taken with a pinch of salt.
Thomas Mann was not by nature and inclination an im-
proviser. He was a master craftsman who believed in
good solid workmanship and who distrusted sudden hec-
tic bursts of inspiration. If he was prompted to write
Unordnung und frühes Leid by a request from the editor of
a contemporary journal, the story is not for that reason
a fortuitous product, tossed off at random. On the con-
trary: as a brief analysis of its contents will show, it deals
with themes that recur frequently in the author's works,
and it is deeply rooted in experience.

The story describes the events of an afternoon and
evening in the lives of Professor Abel Cornelius and his
family. (The university in which the Professor holds his
chair of history is not explicitly mentioned, but there is
sufficient evidence to show that Thomas Mann was thinking of Munich, the city which was his home until the rise
of Hitler drove him into exile.) Cornelius is a man of
forty-seven (i.e. roughly of the same age as the author at
the time when the story was being written); his wife is
eight years younger. They have four children: Ingrid and
Bert, who are eighteen and seventeen respectively, and
in their final years at school; Eleonore (Lorchen), who
is five; and her four-year-old brother, who is referred to
throughout by his nickname of 'Beißer', bestowed on
him, no doubt, because he is highly strung and given to
fits of ungovernable temper.

The winter day on which the incidents of the story take place is a day of excitement in the Cornelius family, for the two elder children have invited a number of their friends to a party, and the normal routine of the household is in abeyance — if indeed one can speak of a normal routine at a time when the rapidly mounting tide of inflation has swept away all sense of security. The setting of the story is the economic chaos which engulfed Germany in the early twenties. While slick and shady speculators prosper, the salaried and professional middle classes are very hard hit; the disastrous depreciation of the country's currency has rendered their savings worthless, and their income inevitably lags behind prices which rise fantastically day by day. As a result, their standard of living is severely reduced. Their houses begin to look dilapidated, for the cost of repairs and replacements is prohibitive. Amenities which they used to take for granted, such as the telephone, now appear as major and problematic items in the family budget. Their diet is depressingly frugal: the midday meal at which we see the Cornelius family gathered together at the beginning of the story consists of cabbage 'cutlets' followed by a blancmange of dubious taste and even more dubious nutritive value. In these hard unsettled times, Professor Cornelius and his wife do their best to keep up middle-class appearances, despite their threadbare clothes and the discomfort of inadequately heated rooms. They feel the decline of their living standard much more acutely than their two elder children who grew up during the war and amid the uncertainties of the post-war years, who hardly remember the era of peace and prosperity before 1914 and who, with the resilience of youth, have adapted themselves to the prevailing sense of instability. This difference in outlook widens the gulf that separates the generation of the parents from that of the children and increases the tension between them. Not that the parents in this case are intolerant or lacking in sympathy; but their notions and their ways must appear the more outmoded to their children the more the young people's ideas take their colour from the changed complexion of the post-war world. It is not only economic values that have been thrown into disorder in these inflationary days, but social and moral values as well; neither class distinctions nor standards of taste nor rules of social behaviour can remain stable in an age that has lost its bearings. The young generation speak a different language; their manners, free and easy to the point of brashness, make their elders' conception of courtesy look old-world, and their style of dancing would have shocked their grandparents. The *bourgeoisie* has been cast into the social melting-pot; small wonder, then, that the guests at Ingrid's and Bert's party turn out to be a motley crowd. There is the young banker whose hobby is folk music, and who appears in shorts because he regards a lounge suit as an outworn *bourgeois* convention; there is the *jeune premier* of the State Theatre who cannot refrain from putting on a touch of rouge when going to a party in a private house; there is the young profiteer who contrives to finance a life of luxury by gambling on the stock exchange. Characters like these, colourful but decidedly odd, mingle freely with guests of a more conventional type as the young people dance to the rhythms of contemporary jazz tunes which blare forth from the gramophone, exotic and monotonously percussive. How very different from the dancing class attended by Tonio Kröger, the young hero of an earlier story by Thomas Mann, in those palmy Edwardian days of the wealthy *bourgeoisie*! The Cornelius children and their friends seem almost dissolute by comparison with that exclusive circle, carefully supervised, to which only the sons and daughters of the best families were admitted in order to learn dancing and deportment, and where the only element of disorder was the hero's inability to remember the figures of the quadrille.

The party in *Unordnung und frühes Leid*, which mirrors

the confusion of a disordered society, causes confusion
in an intimately personal sphere as well and brings early
sorrow to little Eleonore, her father's favourite. The
two little ones, dressed in their Sunday best, are allowed
to join the party of the grown-ups and to stay up past
their normal bedtime. In a spirit of good-natured fun,
one of the guests, Max Hergesell, dances a few steps
with Lorchen. His diminutive partner is overwhelmed
by the jocular gallantry of the handsome and engaging
young man, and promptly loses her heart to him. From
now on she has eyes for no-one else; she follows Max
about, trying to attract his attention and to disengage him
from his grown-up partner. Her behaviour is watched
with amusement by the guests, and with pained em-
barrassment by her father. When she is finally sent up
to bed, she bursts into tears and refuses to be consoled.
The Professor, summoned upstairs, finds her sitting up
in her cot, shaken by a paroxysm of grief – grief that is
only too obviously real, although it is beyond the capa-
city of her little mind to analyse its cause. In vain her
father tries to comfort her; she remains disconsolate –
until suddenly Max Hergesell appears, Prince Charming
in person, to say good-night to Lorchen and to bring
balm to her bewildered and unhappy heart: a performance which Dr Cornelius observes with feelings curi-
ously compounded of relief and exasperation. When his
little girl has at last settled down, he remains seated by
her cot for a while, reflecting gratefully, as he watches
her falling asleep, that in the life of a small child a night
forms a deep chasm of oblivion between one day and the
next: in the morning, tonight's sorrow will be no more
than a faint and fading memory.

A simple story? In outline it seems simple enough;
but no mere outline can do justice to the richness of its
texture. With its ironical inflections, Thomas Mann's
prose – beautifully controlled, and less involved here
than in some of his later works – always contrives to hint

more than it explicitly states, investing slight incidents and casual phrases with varied overtones of meaning. The economic absurdities of the inflation and the social topsy-turvydom of the time are suggested by a few telling details (such as the thumb-nail sketches of Xaver, the young factotum, engaging but thoroughly unreliable, a typical product of an undisciplined age, or of Herzl, the actor, who in spite of his revolutionary ideas clings to the title conferred upon him by a pre-war potentate); and the relationship between Professor Cornelius and his little daughter is explored with a discernment, at once delicate and ruthless, which reminds the reader of Thomas Mann's keen interest in the teaching of Sigmund Freud. Both themes had appeared in his writings before. In *Der Zauberberg* he had sought to diagnose the malady of European society. The theme of father and daughter had likewise formed the subject of an earlier work – a work which, although it is one of the less important items in the long list of Thomas Mann's books, deserves some attention in this context.

In 1919 Thomas Mann published an idyll in hexa- meters, *Gesang vom Kindchen*, to mark the birth and the christening of his daughter Elisabeth. (Apart from some very early and trifling efforts, this was his first and last public appearance as a writer of verse: characteristically, he chose the hexameter – or perhaps one should say a parody of the classical hexameter – a metre that moves comfortably 'midway between lyricism and rational dis- course, festive and sober at the same time'.) Elisabeth is the real-life prototype of Lorchen in *Unordnung*, and the idyll of 1919 may be regarded as a kind of prelude to the story of 1925. The prelude is frankly autobiographical; the author speaks in the first person, whereas in *Unordnung* he prefers to assume the mask of Professor Cornelius. The thin disguise, however, can hardly be said to obscure the identity of the character, which is established by significant analogies. In a key passage, Cornelius recalls

the moment when he first saw his newly born daughter
in the maternity home, and the sudden wave of tender-
ness that flooded his heart. Turning to *Gesang vom Kindchen*, we find that these reminiscences have their exact
counterpart in the earlier work:

Als ich zuerst die nichtige Last auf ängstlichen Armen
Mir gespürt und mit stillem Entzücken gesehn, wie dein Auge
Widerstrahlte das Himmelslicht; dann dich – o, wie be-
    hutsam,
Niedergelassen an deiner Mutter Brust: da füllte
Ganz mit Gefühl sich auf einmal mein Herz, mit segnender
    Liebe.

In both works, moreover, the father's love for his little
daughter is secretly linked with his sense of history, his
feeling for the past. 'A father's love and a baby at its
mother's breast', muses Dr Cornelius, 'these things are
timeless and eternal and therefore very sacred and lovely'
– and, being timeless, they are a refuge from the noisy
vulgar restlessness of a world in disorder. Again the
portrait of the historian is seen to be a self-portrait of
the author, whose thoughts at his daughter's christening
run along the same lines:

. . . Und so wurdest du, Kindchen,
Damals zum Sinnbild, dargestellt dem Gefühle der Menschen,
Das sich dran klammerte, dankbar, aus Angst und wüster
    Verwirrung,
Froh, das Rührendst-Bleibende anzuschaun und zu finden
Sich aus bösem Tumult auf eine wohltätige Weile. . . .

Nicht gemein, nicht bösen Willens nenn' ich den Mann mir,
Der, wenn vieles versinkt und grell die Fanfare der Zukunft
Schmettert, auf sie nicht nur lauscht, nicht ganz ausschließ-
    lich auf sie nur;
Der auch dem Abgelebten, dem Tode und der Geschichte
Einige Treue immer bewahrt und still auf der Dinge
Steten Zusammenhang fortpflegenden Sinnes bedacht bleibt.

In *Unordnung und frühes Leid*, the middle-class way of

life is threatened by the economic collapse of the country,
a-consequence of recent defeat in war, which shatters
the class structure of society. By the time *Mario und der
Zauberer* came to be written, a new danger had reared
its head: the enslavement of society by a dictator whose
hypnotic will reduces most of his subjects to the status
of mere marionettes – puppets who have no will of their
own, but merely echo the Leader's thoughts and do his
bidding. This pattern of government, soon to be imposed
upon Thomas Mann's native land, had first emerged in
Fascist Italy, where Mussolini had become the supreme
power in the state in 1922. The Italian scene in *Mario* is
therefore no mere *décor*, chosen more or less arbitrarily,
but an essential element in the story.

   The scene is laid at Torre di Venere, a fictitious seaside
resort on the Tyrrhenian Sea, where the author and his
family are spending their summer holiday. The author
appears in the role of the narrator, and the form of the
story is designed to recapture something of the immediacy
of the spoken word. Every now and then the narrator
addresses the reader; he asks him questions, he antici-
pates his objections, he replies to unspoken comments.
The apparent irrelevance of such sallies is as deceptive
as the seeming artlessness of the conversational style:
both are in fact carefully calculated to produce a feeling
of closeness to the event and to maintain the tension
which rises to a sensational climax at the end. Edgar
Allan Poe insisted that the first sentence of a good short
story must set the key. In his essay on Nathaniel Haw-
thorne, he warns the author of a short prose narrative,
'requiring from a half-hour to one or two hours in its
perusal', that 'if his very initial sentence tend not to the
outbringing of this effect, then he has failed in his first
step'. No doubt this is a counsel of perfection, intended
to stress the need for utmost economy and concentration
in a literary form which, since it should aim at complete
unity of effect, leaves no room for digression; but the

opening of *Mario* comes near to meeting Poe's demand. From the start the visitors are conscious of an oppressive sense of uneasiness, of something hostile and sinister in the very atmosphere of Torre di Venere. Some minor misadventures intensify this vague but persistent feeling of nervous apprehension. A few days after their arrival they are evicted from their rooms at Torre's principal hotel. Their little boy has recently had whooping-cough; he is long past the infectious stage, but a fellow-guest, a member of the Roman nobility, is afraid of infection and objects to the boy occupying a room near her own children. One day their daughter, aged eight (Lorchen of *Unordnung und frühes Leid* here makes another brief and ill-starred appearance), takes off her bathing-suit on the beach in order to rinse it, and for a few moments displays her thin and undeveloped body in the nude. This arouses a storm of protest, is censured as a shameless outrage against public decency, indeed against the honour and dignity of a great nation, and costs her father a fine of fifty lire. These contretemps, trivial in themselves, rankle in the visitors' minds and cloud their holiday.

About three weeks after their arrival, posters announce a performance to be given by a travelling entertainer, Cipolla by name – Cavaliere Cipolla, to give him the title which appears on the placards – who describes himself as a conjurer and illusionist. The two children, who have never been to an entertainment of this kind, implore their parents to take them to see the magician, and the parents allow themselves to be persuaded – against their better judgment, for Cipolla's programme is billed to start at nine o'clock, by which time the children ought to be in bed. On the night they make their way to the 'hall' – a large wooden shed, situated in the poorer quarter of the small town – where the conjurer is to appear. The performance starts half an hour late, but in a sense it proves to have been worth waiting for. The visitors, having come in a spirit of amiable

condescension, prepared to watch a third-class pro-
vincial variety turn, soon realise that the 'Illusionista' is
offering more than they expected. Cipolla, a man of
grotesque appearance, with a physical deformity which
is accentuated rather than concealed by the tawdry elegance of his attire, is indeed an illusionist – but not one
who mystifies his audience by sleight-of-hand. The illu-
sions he creates are produced by means of hypnosis.
Since police regulations prohibit the practice of hypnotism
for purposes of public entertainment, the term 'hypnosis'
is carefully avoided, both in his advertisements and in
his patter. In the course of his programme, however,
it becomes increasingly clear that he is in fact a hypnotist
of quite unusual power. None of the victims whom he
selects from among the audience can resist the occult
compulsion that emanates from the arrogant hunchback
on the stage; willy-nilly they must do what he wants
them to do. He forces a number of people to dance like
so many marionettes; in one young man he induces a
cataleptic state which makes his body as rigid as a wooden
plank; to another, a young fisherman, he suggests that
he is suffering from colic, and soon he has the brawny
youth writhing in illusory agony. While he is performing
these feats, Cipolla acts as his own compère; his running
commentary, though full of malice and conceit, is smooth,
clever, and amusing. In its way it is a brilliant act, and
the narrator, like the rest of the audience, is fascinated,
although his sensibility rebels against the nature of the
performance. He is not the only one whose feelings are
thus uncomfortably mixed. While each hypnotic *tour de
force* is greeted with lively applause, an undertone of
opposition and resentment can be sensed in the audience.
There is no gainsaying Cipolla's professional skill; but
there is something indecent and degrading about his performance – about the malicious satisfaction which he
derives from the exercise of his powers, and about the
ridicule and humiliation to which he exposes some of his

victims. His 'magic', and the use he makes of it, is felt
to be an insult to human dignity. For a long time this
feeling remains inarticulate; but it issues in violent action
when the magician summons a young man who had not
so far been called upon to contribute to the evening's
programme. Mario, a waiter at a café which the narrator
and his family have been in the habit of patronising, is a
pleasant youth whose dreamy, heavy-lidded eyes and thick
lips give a primitive note to the cast of his features.
There is an air of sadness about him, and the nimble-
witted Cipolla has little difficulty in discovering the
cause of this melancholy: Mario is passionately in love
with a local girl, Silvestra, who does not requite his
affection. No sooner has the hypnotist elicited the nature
of Mario's secret sorrow than he proceeds to exploit it
callously for his own purpose. Under his hypnotic compulsion, Mario is led to believe that he is talking, not to
Cipolla, but to Silvestra, and an expression of supreme
bliss transforms his face when the girl of his dreams
assures him of her love and invites him to kiss her. At
this moment, the swish of the whip which (significantly)
serves the magician in lieu of a wand arouses the young
man from his trance. In a flash of shattering mortification,
he realises that his most intimate feelings have been
prostituted and desecrated to make a public spectacle.
He recoils, rushes down the steps that link the stage with
the auditorium, then stops in his tracks, whips a small
pistol from his pocket, and fires two bullets into the
misshapen body of his tormentor. As they are being
dragged away from the ensuing scene of panic, the narrator's children ask, uncomprehendingly, 'Was that the
end?' 'Yes', their parents assure them, 'that was the end'.

In *Mario*, Thomas Mann uses the story-teller's art as a
vehicle of political satire; the story (as he points out in
the essay *Sechzehn Jahre*) is concerned with the psycho-
logy of Fascism and of freedom. This political tendency
accounts for the predominantly unpleasant nature of the

incidents which he describes: the disquieting atmosphere of Torre di Venere and the nightmare of the conjurer's *soirée* are symptomatic of life under totalitarian rule. It will be noticed, however, that the political message is never allowed to slow up or otherwise encumber the narrative; Thomas Mann is too skilled a practitioner to let his story degenerate into a treatise. The moral which he wishes to point is so completely inherent in the characters and the situation that there is hardly any need for explicit comment. Such comment as there is arises, in a perfectly natural way, out of the remarks with which Cipolla accompanies his performance and out of the reflections which they prompt in the narrator's mind. When he is conducting some experiments in telepathy, the hypnotist who had up to that time imposed his will on others becomes a mere medium, a passive instrument guided by the unspoken thoughts of the crowd. To explain this phenomenon he invokes the notorious 'Leader principle' of Fascist philosophy, which represents the Leader as the mouthpiece and the instrument of the nation's genius: when he gives an order, he is carrying out what he intuitively knows to be the desire of the community, so that for him to command is the same as to obey. And since the Leader expresses the people's will, the freedom of the individual citizen consists in obeying the Leader's orders. The argument, however specious, is well calculated to darken counsel, and Cipolla, a dictator in miniature, makes the most of it. A young gentleman from Rome, anxious to vindicate the principle of self-determination, challenges the hypnotist to make him dance against his will. He puts up a brave struggle, but in the end he succumbs, like the other victims before him. Why does he succumb?, the narrator wonders; is it because resistance, the mere refusal to come into line, is in itself a negative attitude, and man cannot live by negatives? The political analogy is plain, and Thomas Mann wisely refrains from elaborating it.

The subject-matter of *Mario und der Zauberer* is for the most part unedifying, painful, or even positively revolting. It is not for nothing that at the point where the story approaches its climax, Cipolla's whip is likened to the wand of Circe (whose island, it may be recalled, was near 'the Tyrrhene shore'): Circe, whose magic

> whoever tasted, lost his upright shape
> And downward fell into a grovelling Swine.

From such material the author has fashioned a thing of beauty. In an essay entitled *Über den Gebrauch des Gemeinen und Niedrigen in der Kunst*, Schiller (whom Thomas Mann greatly admired, and to whose memory the last publication from his pen was dedicated) makes the following observation: 'Even in the serious and tragic sphere, there are rare cases when vulgar matter may be used. In these cases, however, the vulgar must merge into the terrible, and the momentary offence against good taste must be wiped out by a strong appeal to the emotions, and thus as it were swallowed up by a higher tragic effect.' That is precisely what happens in *Mario*. What matters in literary art, as in all art, is not the raw material – the subject –, but what the artist makes of it. In the twenty-second of his *Letters on the Aesthetic Education of Man*, Schiller remarks that 'the essential secret of the master consists in effacing the matter by means of the form'. Thomas Mann knew that secret, and in *Mario und der Zauberer* he brilliantly demonstrates the truth of Schiller's pronouncement.

BIBLIOGRAPHICAL NOTE

The various editions of Thomas Mann's books, as well as his contributions to newspapers, periodicals, works by several hands, proceedings of learned societies, etc., are listed (together with translations of his writings into other languages) in Bürgin, Hans: *Das Werk Thomas Manns*. Frankfurt, 1959.

Thomas Mann's writings have received constant attention from critics and literary historians ever since *Buddenbrooks* established his fame in the early years of the century. By now the volume of critical and interpretative comment—books, articles, theses, and reviews—has grown to formidable proportions; how formidable may be seen from a comprehensive 'Bibliography of Criticism' published in America:

Jonas, Klaus W.: *Fifty Years of Thomas Mann Studies*. Minneapolis, 1955;

Jonas, Klaus W. and Jonas, Ilsedore B.: *Thomas Mann Studies*, vol. II. Philadelphia, 1967. Cf. also the revised and enlarged German version:

Jonas, Klaus W.: *Die Thomas-Mann-Literatur*, vol. I. Berlin, 1972.

From a biographical point of view, Thomas Mann's correspondence is of central importance. Three volumes of his letters have been edited by his eldest daugher, Erika Mann:

Thomas Mann, *Briefe 1889–1936*. Frankfurt, 1961;

Thomas Mann, *Briefe 1937–1947*. Frankfurt, 1963;

Thomas Mann, *Briefe 1948–1955 und Nachlese* Frankfurt, 1965.

Erika Mann has also written an account of the closing phase of her father's life: *Das letzte Jahr* (Frankfurt, 1956). Thomas Mann's younger brother Victor has painted a lively and intimate 'portrait of the Mann family' in his book *Wir waren fünf* (Constance, 1949). The reception of Thomas Mann's writings during the successive phases of his career is reflected in *Thomas Mann im Urteil seiner Zeit: Dokumente 1891–1955*, ed. by Klaus Schröter (Hamburg, 1969).

The following works may be recommended to any reader of this volume who is looking for further information and critical guidance:

EICHNER, Hans: *Thomas Mann*. Berne, 1953.

FAESI, Robert: *Thomas Mann*. Zurich, 1955.

HAMBURGER, Käte: *Der Humor bei Thomas Mann*. Munich, 1965.

HATFIELD, Henry C.: *Thomas Mann*. London, 1952.

HELLER, Erich: *The Ironic German: A Study of Thomas Mann*. London, 1958.

JONAS, Ilsedore B.: *Thomas Mann und Italien*. Heidelberg, 1969.

LUKÁCS, Georg: *Thomas Mann*. Berlin, 1949. (This study, like Hans Mayer's, deals with the subject from a Marxist point of view.)

MAYER, Hans: *Thomas Mann. Werk und Entwicklung*. Berlin, 1950.

PEACOCK, Ronald: *Much is Comic in Thomas Mann*. London, 1964.

PÜTZ, Peter (ed.): *Thomas Mann und die Tradition*. Frankfurt, 1971.

THOMAS, R. Hinton: *Thomas Mann. The Mediation of Art*. Oxford, 1956.

The publications of the last decades are surveyed in articles by Henry C. Hatfield: 'Recent Studies of Thomas Mann' (*Modern Language Review*, vol. 51, No. 3, July 1956) and by Herbert Lehnert: 'Thomas Mann-Forschung: Ein Bericht' (from *Deutsche Vierteljahrsschrift*, 1966/67/68), Stuttgart, 1969.

UNORDNUNG UND FRÜHES LEID

ALS Hauptgericht hat es nur Gemüse gegeben, Wirsing-Koteletts[1]; darum folgt noch ein Flammeri, hergestellt aus einem der nach Mandeln und Seife schmeckenden Puddingpulver, die man jetzt kauft, und während Xaver, der jugendliche Hausdiener, in einer gestreiften Jacke, welcher er entwachsen ist, weißwollenen Handschuhen und gelben Sandalen, ihn auftischt, erinnern die Großen ihren Vater auf schonende Art daran, daß sie heute Gesellschaft haben.

Die Großen, das sind die achtzehnjährige und braunäugige Ingrid, ein sehr reizvolles Mädchen, das zwar vor dem Abiturium steht und es wahrscheinlich auch ablegen wird, wenn auch nur, weil sie den Lehrern und namentlich dem Direktor die Köpfe bis zu absoluter Nachsicht zu verdrehen gewußt hat, von ihrem Berechtigungsschein[2] aber keinen Gebrauch zu machen gedenkt, sondern auf Grund ihres angenehmen Lächelns, ihrer ebenfalls wohltuenden Stimme und eines ausgesprochenen und sehr amüsanten parodistischen Talentes zum Theater drängt – und Bert, blond und siebzehnjährig, der die Schule um keinen Preis zu beenden, sondern sich so bald wie möglich ins Leben zu werfen wünscht und entweder Tänzer oder Kabarett-Rezitator oder aber Kellner werden will: dies letztere unbedingt „in Kairo" – zu welchem Ziel er schon einmal, morgens um fünf, einen knapp vereitelten Fluchtversuch unternommen hat. Er zeigt entschiedene Ähnlichkeit mit Xaver Kleinsgütl,[3] dem gleichaltrigen Hausdiener: nicht weil er gewöhnlich aussähe – er gleicht in den Zügen sogar auffallend seinem Vater,[4] Professor Cornelius –, sondern eher kraft einer Annäherung von der anderen Seite her, oder allenfalls vermöge einer wechselseitigen Anpassung der Typen, bei der ein weitgehender Ausgleich der Kleidung und allgemeinen Haltung die Hauptrolle spielt. Beide tragen ihr dichtes Haar

3

auf dem Kopfe sehr lang, flüchtig in der Mitte gescheitelt, und haben folglich die gleiche Kopfbewegung, um es aus der Stirn zurückzuwerfen. Wenn einer von ihnen durch die Gartenpforte das Haus verläßt, barhaupt bei jedem Wetter, in einer Windjacke, die aus bloßer Koketterie mit einem Lederriemen gegürtet ist, und mit etwas vorgeneigtem Oberkörper, dazu noch den Kopf auf der Schulter, davonschiebt[1] oder sich aufs Rad setzt – Xaver benutzt willkürlich die Räder seiner Herrschaft, auch die weiblichen und in besonders sorgloser Laune sogar das des Professors –, so kann Doktor Cornelius von seinem Schlafzimmerfenster aus beim besten Willen nicht unterscheiden, wen er vor sich hat, den Burschen oder seinen Sohn. Wie junge Mushiks,[2] findet er, sehen sie aus, einer wie der andere, und beide sind sie leidenschaftliche Zigarettenraucher, wenn auch Bert nicht über die Mittel verfügt, so viele zu rauchen wie Xaver, der es auf dreißig Stück pro Tag gebracht hat, und zwar von einer Marke, die den Namen einer in Flor stehenden Kino-Diva[3] trägt.

Die Großen nennen ihre Eltern „die Greise" – nicht hinter ihrem Rücken, sondern anredeweise und in aller Anhänglichkeit, obgleich Cornelius erst siebenundvierzig und seine Frau noch acht Jahre jünger ist. „Geschätzter Greis!" sagen sie, „treuherzige Greisin!", und die Eltern des Professors, die in seiner Heimat das bestürzte und verschüchterte Leben alter Leute führen, heißen in ihrem Munde „die Urgreise".[4] Was die „Kleinen" betrifft, Lorchen und Beißer, die mit der „blauen Anna", so genannt nach der Bläue ihrer Backen, auf der oberen Diele essen, so reden sie nach dem Beispiel der Mutter den Vater mit Vornamen an, sagen also Abel. Es klingt unbeschreiblich drollig in seiner extravaganten Zutraulichkeit, wenn sie ihn so rufen und nennen, besonders in dem süßen Stimmklang der fünfjährigen Eleonore, die genau aussieht wie Frau Cornelius auf ihren Kinderbildern und die der Professor über alles liebt.

„Greislein", sagt Ingrid angenehm, indem sie ihre

große, aber schöne Hand auf die des Vaters legt, der nach
bürgerlichem und nicht unnatürlichem Herkommen dem
Familientisch vorsitzt und zu dessen Linken sie, der
Mutter gegenüber, ihren Platz hat – „guter Vorfahr, laß
dich nun sanft gemahnen, denn sicher hast du's verdrängt.[1]
Es war also heute nachmittag, daß wir unsere kleine Lustbarkeit haben sollten, unser Gänsehüpfen[2] mit Herings-
salat – da heißt es für deine Person denn Fassung bewahren und nicht verzagen, um neun Uhr ist alles
vorüber."

„Ach?" sagt Cornelius mit verlängerter Miene[3] – „Gut,
gut", sagt er und schüttelt den Kopf, um sich in Har-
monie mit dem Notwendigen zu zeigen. „Ich dachte nur
– ist das schon fällig? Donnerstag, ja. Wie die Zeit ver-
fliegt. Wann kommen sie denn?"

Um halb fünf, antwortet Ingrid, der ihr Bruder im
Verkehr mit dem Vater den Vortritt läßt, würden die
Gäste wohl einlaufen.[4] Im Oberstock, solange er ruhe,
höre er fast nichts, und von sieben bis acht halte er seinen
Spaziergang. Wenn er wolle, könne er sogar über die
Terrasse entweichen.

„Oh –" macht Cornelius im Sinne von „Du übertreibst".
Aber Bert sagt nun doch:

„Es ist der einzige Abend der Woche, an dem Wanja
nicht spielen muß. Um halb sieben müßte er gehen an
jedem andern. Das wäre doch schmerzlich für alle
Beteiligten."

„Wanja", das ist Iwan Herzl, der gefeierte jugendliche
Liebhaber des Staatstheaters,[5] sehr befreundet mit Bert
und Ingrid, die häufig bei ihm Tee trinken und ihn in
seiner Garderobe besuchen. Er ist ein Künstler der
neueren Schule, der in sonderbaren und, wie es dem
Professor scheint, äußerst gezierten und unnatürlichen
Tänzerposen auf der Bühne steht und leidvoll schreit.
Einen Professor der Geschichte kann das unmöglich an-
sprechen, aber Bert hat sich stark unter Herzls Einfluß
begeben, schwärzt sich den Rand der unteren Augen-

lider, worüber es zu einigen schweren, aber fruchtlosen
Szenen mit dem Vater gekommen ist, und erklärt mit
jugendlicher Gefühllosigkeit für die Herzenspein der Altvorderen,[1] daß er sich Herzl nicht nur zum Vorbild nehmen wolle, falls er sich für den Tänzerberuf entscheide,
sondern sich auch als Kellner in Kairo genau so zu bewegen gedenke wie er.

Cornelius verbeugt sich leicht gegen seinen Sohn, die
Augenbrauen etwas hochgezogen, jene loyale Bescheidung
und Selbstbeherrschung andeutend, die seiner Generation
gebührt. Die Pantomime ist frei von nachweisbarer Ironie[2] und allgemeingültig. Bert mag sie sowohl auf sich,
wie auf das Ausdruckstalent seines Freundes beziehen.

Wer sonst noch komme, erkundigt sich der Hausherr.
Man nennt ihm einige Namen, ihm mehr oder weniger
bekannt, Namen aus der Villenkolonie, aus der Stadt,
Namen von Kolleginnen Ingrids aus der Oberklasse des
Mädchengymnasiums . . . Man müsse noch telephonieren,
heißt es. Man müsse zum Beispiel mit Max telephonieren,
Max Hergesell, stud. ing.,[3] dessen Namen Ingrid sofort in
der gedehnten und näselnden Weise vorbringt, die nach
ihrer Angabe die Privat-Sprechmanier aller Hergesells
sein soll, und die sie auf äußerst drollige und lebenswahr-
scheinliche Weise zu parodieren fortfährt, so daß die
Eltern vor Lachen in Gefahr kommen, sich mit dem
schlechten Flammeri zu verschlucken. Denn auch in
diesen Zeiten muß man lachen, wenn etwas komisch ist.

Zwischendurch ruft das Telephon im Arbeitszimmer
des Professors, und die Großen laufen hinüber, denn sie
wissen, daß es sie angeht. Viele Leute haben das Telephon bei der letzten Verteuerung aufgeben müssen, aber
die Cornelius' haben es gerade noch halten können, wie
sie die vor dem Kriege gebaute Villa bis jetzt noch haben
halten können, kraft des leidlich den Umständen angepaßten Millionengehalts,[4] das der Professor als Ordinarius[5] für Geschichte bezieht. Das Vorstadthaus ist elegant und bequem, wenn auch etwas verwahrlost, weil

Reparaturen aus Materialmangel unmöglich sind, und ent-
stellt von eisernen Öfen mit langen Rohren. Aber es ist
der Lebensrahmen des höheren Mittelstandes von ehemals, worin man nun lebt wie es nicht mehr dazu paßt,
das heißt ärmlich und schwierig, in abgetragenen und
gewendeten Kleidern. Die Kinder wissen nichts anderes,
für sie ist es Norm und Ordnung, es sind geborene Villen-
proletarier. Die Kleiderfrage kümmert sie wenig. Dies
Geschlecht hat sich ein zeitgemäßes Kostüm erfunden,
ein Produkt aus Armut und Pfadfindergeschmack, das im
Sommer beinahe nur aus einem gegürteten Leinenkittel
und Sandalen besteht. Die bürgerlich Alten haben es
schwerer.

Die Großen reden nebenan mit den Freunden, während
ihre Servietten über den Stuhllehnen hängen. Es sind
Eingeladene, die anrufen. Sie wollen zusagen oder ab-
sagen oder über irgend etwas verhandeln, und die Großen
verhandeln mit ihnen im Jargon des Kreises, einem Rotwelsch voller Redensartlichkeit[1] und Übermut, von dem
die „Greise" selten ein Wort verstehen. Auch diese be-
raten unterdessen: über die Verpflegung, die man den
Gästen bieten wird. Der Professor zeigt bürgerlichen
Ehrgeiz. Er möchte, daß es zum Abendessen, nach dem
italienischen Salat[2] und dem belegten Schwarzbrot eine
Torte gebe, etwas Tortenähnliches; aber Frau Cornelius
erklärt, daß das zu weit führen würde – die jungen Leute
erwarten es gar nicht, meint sie, und die Kinder stimmen
ihr zu, als sie sich noch einmal zum Flammeri setzen.

Die Hausfrau, von der die höher gewachsene Ingrid
den Typus hat, ist mürbe und matt von den verrückten
Schwierigkeiten der Wirtschaft. Sie müßte ein Bad auf-
suchen, aber das Schwanken des Bodens unter den Füßen,
das Drüber und Drunter aller Dinge machen das vorläufig untunlich. Sie denkt an die Eier, die heute unbedingt eingekauft werden müssen, und spricht davon:
von den Sechstausend-Mark-Eiern, die nur an diesem
Wochentage von einem bestimmten Geschäft, eine Vier-

telstunde von hier, in bestimmter Anzahl abgegeben
werden, und zu deren Entgegennahme sich die Kinder
unmittelbar nach Tische vor allem anderen aufmachen
müssen. Danny, der Nachbarssohn, wird kommen, sie
abzuholen, und Xaver wird sich in Zivilkleidung den
jungen Herrschaften ebenfalls anschließen. Denn das Geschäft gibt nur fünf Eier pro Woche an einen und denselben Hausstand ab, und darum werden die jungen Leute
einzeln, nacheinander und unter verschiedenen angenom-
menen Namen den Laden betreten, um zwanzig Eier im
ganzen für die Villa Cornelius zu erringen: ein wöchent-
licher Hauptspaß für alle Beteiligten, den Mushik Kleinsgütl nicht ausgenommen, namentlich aber für Ingrid und
Bert, die außerordentlich zur Mystifikation und Irre-
führung ihrer Mitmenschen neigen und dergleichen auf
Schritt und Tritt um seiner selbst willen betreiben, auch
wenn durchaus keine Eier dabei herauskommen. Sie
lieben es, sich im Trambahnwagen indirekt und auf dem
Wege der Darstellung für ganz andere junge Personen
auszugeben, als sie in Wirklichkeit sind, indem sie miteinander im Landesdialekt, den sie sonst gar nicht sprechen, öffentlich lange, gefälschte Gespräche führen, so
recht ordinäre Gespräche, wie die Leute sie führen: das
allergewöhnlichste Zeug über Politik und Lebensmittel-
preise und Menschen, die es nicht gibt, so daß der ganze
Wagen mit Sympathie und doch mit dem dunklen Arg-
wohn, daß hier irgend etwas nicht stimmt, ihrer grenzenlos gewöhnlichen Zungenfertigkeit lauscht. Dann werden
sie immer frecher und fangen an, sich von den Menschen,
die es nicht gibt, die abscheulichsten Geschichten zu erzählen. Ingrid ist imstande, mit hoher, schwankender,
ordinär zwitschernder Stimme vorzugeben, daß sie ein
Ladenfräulein ist, welches ein uneheliches Kind besitzt,
einen Sohn, der sadistisch veranlagt ist und neulich auf
dem Lande eine Kuh so unbeschreiblich gemartert hat,
daß es für einen Christenmenschen kaum anzusehen gewesen ist. Über die Art, wie sie das Wort „gemartert"

zwitschert, ist Bert dicht daran herauszuplatzen, legt aber eine schaurige Teilnahme an den Tag und tritt mit dem unglücklichen Ladenfräulein in ein langes und schauriges, zugleich verderbtes und dummes Gespräch über die Natur der krankhaften Grausamkeit ein, bis ein alter Herr, schräg gegenüber, der sein Billett zusammengefaltet zwischen Zeigefinger und Siegelring trägt, das Maß voll findet und sich öffentlich dagegen verwahrt, daß so junge Leute solche Themata (er gebraucht den griechischen Plural „Themata"[1]) in dieser Ausführlichkeit erörtern. Worauf Ingrid so tut, als ob sie in Tränen schwömme, und Bert sich den Anschein gibt, als ob er eine tödliche Wut auf den alten Herrn mit äußerster Anstrengung, aber kaum noch auf lange Zeit, unterdrücke und bändige: die Fäuste geballt, zähneknirschend und am ganzen Leibe zitternd, so daß der alte Herr, der es nur gut gemeint hat, an der nächsten Station schleunig den Wagen verläßt.

Solcherart sind die Unterhaltungen der „Großen". Das Telephon spielt eine hervorragende Rolle dabei: sie klingeln an bei aller Welt, bei Opernsängern, Staatspersonen und Kirchenfürsten, melden sich als Ladenfräulein oder als Graf und Gräfin Mannsteufel und bequemen sich nur schwer zu der Einsicht, daß sie falsch verbunden sind. Einmal haben sie die Besuchskartenschale der Eltern ausgeleert und die Karten kreuz und quer, aber nicht ohne Sinn für das Verwirrend-Halbwahrscheinliche, in die Briefkästen des Viertels verteilt, woraus viel Unruhe erwuchs, da plötzlich Gott weiß wer bei der Himmel weiß wem Besuch abgelegt zu haben schien.

Xaver, jetzt ohne Servierhandschuhe, so daß man den gelben Kettenring sieht, den er an der Linken trägt, kommt haarwerfend herein, um abzudecken, und während der Professor sein Achttausend-Mark-Dünnbier austrinkt und sich eine Zigarette anzündet, hört man die „Kleinen" sich auf Treppe und Diele tummeln. Sie kommen, wie üblich, die Eltern nach Tisch zu begrüßen, stürmen das Eßzimmer, im Kampf mit der Tür, an deren

Klinke sie sich gemeinsam mit den Händchen hängen,
und stapfen und stolpern mit ihren eiligen, ungeschickten
Beinchen, in roten Filzhausschuhen, über denen die Söck-
chen faltig heruntergerutscht sind, rufend, berichtend
und schwatzend über den Teppich, indem ein jedes nach
seinem gewohnten Ziele steuert: Beißer zur Mutter, auf
deren Schoß er mit den Knien klettert, um ihr zu sagen,
wieviel er gegessen hat, und ihr zum Beweise seinen
geschwollenen Bauch zu zeigen, und Lorchen zu ihrem
„Abel", – so sehr der Ihre, weil sie so sehr die Seine ist,
weil sie die innige und wie alles tiefe Gefühl etwas melan-
cholische Zärtlichkeit spürt und lächelnd genießt, mit
der er ihre Klein-Mädchen-Person umfängt, die Liebe,
mit der er sie anblickt und ihr fein gestaltetes Händchen
oder ihre Schläfe küßt, auf der sich bläuliche Äderchen
so zart und rührend abzeichnen.

Die Kinder zeigen die zugleich starke und unbestimmte,
durch gleichmäßige Kleidung und Haartracht unterstützte
Ähnlichkeit des Geschwisterpärchens, unterscheiden sich
aber auch wieder auffallend voneinander, und zwar im
Sinne des Männlichen und Weiblichen. Das ist ein kleiner Adam und eine kleine Eva, deutlich betont – auf
seiten Beißers, wie es scheint, sogar bewußt und vom
Selbstgefühl her betont: von Figur schon ist er gedrun-
gener, stämmiger, stärker, unterstreicht aber seine vier-
jährige Manneswürde noch in Haltung, Miene und Rede-
weise, indem er die Ärmchen athletisch, wie ein junger
Amerikaner, von den etwas gehobenen Schultern hängen
läßt, beim Sprechen den Mund hinunterzieht und seiner
Stimme einen tiefen, biederen Klang zu geben sucht.
Übrigens ist all diese Würde und Männlichkeit mehr an-
gestrebt als wahrhaft in seiner Natur gesichert; denn,
gehegt und geboren in wüsten, verstörten Zeiten, hat er
ein recht labiles und reizbares Nervensystem[1] mitbe-
kommen, leidet schwer unter den Mißhelligkeiten des
Lebens, neigt zu Jähzorn und Wutgetrampel, zu ver-
zweifelten und erbitterten Tränenergüssen über jede

Kleinigkeit und ist schon darum der besondere Pflegling
der Mutter. Er hat kastanienbraune Kugelaugen, die leicht
etwas schielen, weshalb er wohl bald eine korrigierende
Brille wird tragen müssen, ein langes Näschen und einen
kleinen Mund. Es sind die Nase und der Mund des
Vaters, wie recht deutlich geworden, seitdem der Professor sich den Spitzbart hat abnehmen lassen und glatt
rasiert geht. (Der Spitzbart war wirklich nicht länger
zu halten; auch der historische Mensch bequemt sich
schließlich zu solchen Zugeständnissen an die Sitten der
Gegenwart.) Aber Cornelius hält sein Töchterchen auf
den Knien, sein Eleonorchen, die kleine Eva — so viel
graziler, im Ausdruck süßer als der Junge — und läßt sie,
indem er die Zigarette weit von ihr weghält, mit ihren
feinen Händchen an seiner Brille fingern, deren zum
Lesen und Fernsehen abgeteilte Gläser[1] täglich wieder
ihre Neugier beschäftigen.

Im Grunde hat er ein Gefühl dafür, daß die Vorliebe
seiner Frau wohl hochherziger gewählt hat als die seine
und daß die schwierige Männlichkeit Beißers vielleicht
mehr wiegt als der ausgeglichenere Liebreiz seines Kind-
chens. Aber dem Herzen, meint er, läßt sich nicht ge-
bieten, und sein Herz gehört nun einmal der Kleinen,
seitdem sie da ist, seitdem er sie zum erstenmal gesehen.
Auch erinnert er sich fast immer, wenn er sie in den
Armen hält, an dieses erste Mal: es war in einem hellen
Zimmer der Frauenklinik, wo Lorchen zur Welt gekommen, in zwölfjährigem Abstand von ihren großen Ge-
schwistern. Er trat herzu, und in dem Augenblick fast,
wo er unter dem Lächeln der Mutter behutsam die Gardine von dem Puppenhimmelbettchen zog, das neben
dem großen stand, und das kleine Wunder gewahrte, das
da so wohlausgebildet und wie von der Klarheit süßen
Ebenmaßes umflossen in den Kissen lag, mit Händchen,
die schon damals, in noch viel winzigeren Maßen so schön
waren, wie jetzt, mit offenen Augen, die damals himmel-
blau waren und den hellen Tag widerstrahlten — fast in

derselben Sekunde fühlte er sich ergriffen und gebunden;
es war Liebe auf den ersten Blick[1] und für immer, ein
Gefühl, das ungekannt, unerwartet und unerhofft – soweit das Bewußtsein in Frage kam – von ihm Besitz ergriff
und das er sofort mit Erstaunen und Freude als lebensend-
gültig verstand.

Übrigens weiß Doktor Cornelius, daß es mit der Un-
verhofftheit, der gänzlichen Ungeahntheit dieses Gefühls
und selbst seiner völligen Unwillkürlichkeit, genau er-
forscht, nicht ganz richtig ist. Er versteht im Grunde,
daß es ihn nicht so von ungefähr überkommen und sich
mit seinem Leben verbunden hat, sondern daß er unbewußt dennoch darauf vorbereitet oder richtiger: dafür
bereitet gewesen ist[2]; daß etwas in ihm bereit war, es
im gegebenen Augenblick aus sich zu erzeugen, und daß
dies Etwas seine Eigenschaft als Professor der Geschichte
gewesen ist – höchst sonderbar zu sagen. Aber Doktor
Cornelius sagt es auch nicht, sondern weiß es eben nur
manchmal, mit geheimem Lächeln. Er weiß, daß Pro-
fessoren der Geschichte die Geschichte nicht lieben,
sofern sie geschieht, sondern sofern sie geschehen ist;
daß sie die gegenwärtige Umwälzung hassen, weil sie sie
als gesetzlos, unzusammenhängend und frech, mit einem
Worte, als „unhistorisch" empfinden, und daß ihr Herz
der zusammenhängenden, frommen und historischen Vergangenheit angehört. Denn über dem Vergangenen, so
gesteht sich der Universitätsgelehrte, wenn er vor dem
Abendessen am Flusse spazieren geht, liegt die Stimmung
des Zeitlosen und Ewigen, und das ist eine Stimmung,
die den Nerven eines Geschichtsprofessors weit mehr
zusagt als die Frechheiten der Gegenwart.[3] Das Vergangene ist verewigt, das heißt: es ist tot, und der Tod
ist die Quelle aller Frömmigkeit und alles erhaltenden
Sinnes. Der Doktor sieht das heimlich ein, wenn er
allein im Dunkeln geht. Es ist sein erhaltender Instinkt,
sein Sinn für das „Ewige" gewesen, der sich vor den
Frechheiten der Zeit in die Liebe zu diesem Töchterchen

gerettet hat. Denn Vaterliebe und ein Kindchen an der Mutterbrust, das ist zeitlos und ewig und darum sehr heilig und schön. Und doch versteht Cornelius im Dunkeln, daß etwas nicht ganz recht und gut ist in dieser seiner Liebe – er gesteht es sich theoretisch um der Wissenschaft willen ein. Sie hat ihrem Ursprunge nach etwas Tendenziöses, diese Liebe; es ist Feindseligkeit darin, Opposition gegen die geschehende Geschichte zugunsten der geschehenen, das heißt des Todes.[1] Ja, sonderbar genug, aber wahr, gewissermaßen wahr. Seine Inbrunst für dies süße Stückchen Leben und Nachwuchs hat etwas mit dem Tode zu tun, sie hält zu ihm, gegen das Leben, und das ist in gewissem Sinne nicht ganz schön und gut – obgleich es natürlich die wahnsinnigste Askese wäre, sich wegen solcher gelegentlichen wissenschaftlichen Einsicht das liebste und reinste Gefühl aus dem Herzen zu reißen.

Er hält das Töchterchen auf dem Schoß, das seine dünnen, rosigen Beinchen von seinen Knien hängen läßt, spricht zu ihr, die Augenbrauen hochgezogen, im Ton einer zarten, spaßhaften Ehrerbietung und lauscht entzückt auf das süße, hohe Stimmchen, mit dem sie ihm antwortet und ihn „Abel" nennt. Er tauscht sprechende Blicke dabei mit der Mutter, die ihren Beißer betreut und ihn mit sanftem Vorwurf zu Vernunft und Fassung ermahnt, da er heute, gereizt durch das Leben, wieder einem Wutanfall unterlegen ist und sich wie ein heulender Derwisch benommen hat. Auch zu den „Großen" wirft Cornelius manchmal einen etwas argwöhnischen Blick hinüber, denn er hält es nicht für unmöglich, daß ihnen gewisse wissenschaftliche Einsichten seiner Abendspaziergänge auch nicht ganz fremd sind.[2] Aber wenn dem so ist, so lassen sie es nicht merken. Hinter ihren Stühlen stehend, die Arme auf die Lehnen gestützt, sehen sie wohlwollend, wenn auch mit einiger Ironie, dem elterlichen Glücke zu.

Die Kinder tragen dicke, ziegelrote, modern bestickte

Künstlerkleidchen, die seinerzeit schon Bert und Ingrid
gehört haben, und die ganz gleich sind, mit dem einzigen
Unterschied, daß bei Beißer kleine, kurze Hosen unter
dem Kittel hervorkommen. Auch den gleichen Haar-
schnitt tragen sie, die Pagenfrisur. Beißers Haar ist un-
regelmäßig blond, noch in langsamem Nachdunkeln begriffen, ungeschickt angewachsen überall, struppig, und
sieht aus wie eine kleine, komische, schlechtsitzende
Perücke. Lorchens dagegen ist kastanienbraun, seiden-
fein, spiegelnd und so angenehm wie das ganze Persön-
chen. Es verdeckt ihre Ohren, die, wie man weiß,
verschieden groß sind: das eine hat richtiges Verhältnis,
das andere aber ist etwas ausgeartet, entschieden zu groß.
Der Vater holt die Ohren zuweilen hervor, um sich in
starken Akzenten darüber zu verwundern, als hätte er den
kleinen Schaden noch nie bemerkt, was Lorchen zugleich
beschämt und amüsiert. Ihre weit auseinander liegenden
Augen sind goldig braun und haben einen süßen Schim-
mer, den klarsten und lieblichsten Blick. Die Brauen
darüber sind blond. Ihre Nase ist noch ganz formlos, mit
ziemlich dicken Nüstern, so daß die Löcher fast kreisrund
sind, ihr Mündchen groß und ausdrucksvoll, mit schön
geschwungener, beweglicher Oberlippe. Wenn sie lacht
und ihre getrennt stehenden Perlzähne zeigt (erst einen hat
sie verloren; sie hat sich das nach allen Seiten wackelnde
Ding von ihrem Vater mit dem Taschentuch herausbiegen
lassen, wobei sie sehr blaß geworden ist und gezittert
hat), so bekommt sie Grübchen in die Wangen, die ihre
charakteristische, bei aller kindlichen Weichheit etwas
gehöhlte Form daher haben, daß ihr Untergesichtchen
leicht vorgebaut ist. Auf der einen Wange, nahe gegen
den schlichten Fall des Haares hin, hat sie einen Leber-
flecken mit Flaum darauf.

Im ganzen ist sie selbst von ihrem Äußeren wenig be-
friedigt – ein Zeichen, daß sie sich darum kümmert. Ihr
Gesichtchen, urteilt sie traurig, sei leider nun einmal
häßlich, dagegen „das Figürle" recht nett. Sie liebt kleine

gewählte, gebildete Ausdrücke und reiht sie aneinander,
wie „vielleicht, freilich, am End'". Beißers selbstkritische
Sorgen betreffen mehr das Moralische. Er neigt zur Zer-
knirschung, hält sich auf Grund seiner Wutanfälle für
einen großen Sünder und ist überzeugt, daß er nicht in
den Himmel kommen wird, sondern in die „Höhle". Da
hilft kein Zureden, daß Gott viel Einsicht besitze und
fünf gern einmal gerade sein lasse[1]: er schüttelt in ver-
stockter Schwermut den Kopf mit der schlecht sitzenden
Perücke und erklärt sein Eingehen in die Seligkeit für
völlig unmöglich. Ist er erkältet, so scheint er ganz voll
von Schleim; er rasselt und knarrt von oben bis unten,
wenn man ihn nur anrührt, und hat sofort das höchste
Fieber, so daß er nur so pustet. Kinds-Anna neigt denn
auch zur Schwarzseherei, was seine Konstitution betrifft,
und ist der Meinung, daß einen Knaben mit so „ungemein
fettem Blut" jeden Augenblick der Schlag treffen könne.
Einmal hat sie diesen furchtbaren Augenblick schon gekommen gewähnt: als man nämlich Beißer, zur Buße für
einen berserkerhaften Wutanfall, das Gesicht zur Wand
gekehrt, in die Ecke gestellt hatte – und dieses Gesicht
bei zufälliger Prüfung sich als über und über blau ange-
laufen erwies, viel blauer als Kinds-Annas eigenes. Sie
brachte das Haus auf die Beine, verkündend, daß des
Jungen allzu fettes Blut sein letztes Stündlein nun herbei-
geführt habe, und der böse Beißer fand sich zu seiner
gerechten Verwunderung plötzlich in angstvolle Zärtlichkeit eingehüllt, bis sich herausstellte, daß die Bläue seiner
Züge nicht vom Schlagfluß, sondern von der gestrichenen
Wand des Kinderzimmers herrührte, die ihr Indigo an
sein tränenüberschwemmtes Gesicht abgegeben hatte.

Kinds-Anna ist ebenfalls mit eingetreten und mit zu-
sammengelegten Händen an der Tür stehen geblieben: in
weißer Schürze, mit öliger Frisur, Gänseaugen und einer
Miene, in der sich die strenge Würde der Beschränktheit
malt. „Die Kinder", erklärt sie, stolz auf ihre Pflege und
Unterweisung, „entziffern[2] sich wunderbar." Siebzehn

vereiterte Zahnstümpfe hat sie sich kürzlich entfernen
und sich ein ebenmäßiges Kunstgebiß gelber Zähne mit
dunkelrotem Kautschukgaumen dafür anmessen lassen,
das nun ihr Bäuerinnengesicht verschönt. Ihr Geist ist
von der eigentümlichen Vorstellung umfangen, daß ihr
Gebiß den Gesprächsstoff weiter Kreise bildet, daß gleichsam die Spatzen diese Angelegenheit von den Dächern
pfeifen. „Es hat viel unnützes Gerede gegeben," sagt sie
streng und mystisch, „weil ich mir bekanntlich Zähne
habe setzen lassen." Überhaupt neigt sie zu dunklen und
undeutlichen, dem Verständnis anderer nicht angepaßten
Reden, wie zum Beispiel von einem Doktor Bleifuß, den
jedes Kind kenne, und „da wohnen mehr im Haus," sagt
sie, „die sich für ihn ausgeben." Man kann nur nachgiebig
darüber hinweggehen. Sie lehrt die Kinder schöne Ge-
dichte, wie zum Beispiel:

> „Eisenbahn, Eisenbahn,
> Lokomotiv'.
> Fahrt sie fort, bleibt sie da,
> Tut sie einen Pfief."[1]

Oder jenen zeitgemäß entbehrungsreichen, dabei aber
vergnügten Wochen-Küchenzettel, der lautet:

> „Montag fängt die Woche an.
> Dienstag sind wir übel dran.
> Mittwoch sind wir mitten drin.
> Donnerstag gibt's Kümmerling.[2]
> Freitag gibt's gebratnen Fisch.
> Samstag tanzen wir um den Tisch.
> Sonntag gibt es Schweinebrätle
> Und dazu ein gut's Salätle."

Oder auch einen gewissen Vierzeiler von unbegreiflicher
und ungelöster Romantik:

> „Macht auf das Tor, macht auf das Tor,
> Es kommt ein großer Wagen.
> Wer sitzt in diesem Wagen?
> Ein Herr mit goldenen Haaren! "

Oder endlich die schrecklich aufgeräumte Ballade von
Mariechen, die auf einem Stein, einem Stein, einem Stein
saß und sich ihr gleichfalls goldnes Haar, goldnes Haar,
goldnes Haar kämmte. Und von Rudolf, der ein Messer
raus, Messer raus, Messer rauszog, und mit dem es denn
auch ein fürchterliches Ende nahm.

Lorchen sagt und singt das alles ganz reizend mit ihrem
beweglichen Mäulchen und ihrer süßen Stimme – viel
besser als Beißer. Sie macht alles besser als er, und er
bewundert sie denn auch ehrlich und ordnet sich ihr,
von Anfällen der Auflehnung und des raufsüchtigen Kol-
lers abgesehen, in allen Stücken unter. Oft unterrichtet
sie ihn wissenschaftlich, erklärt ihm die Vögel im Bilder-
buch, macht sie ihm namhaft: den Wolkenfresser, den Ha-
gelfresser, den Rabenfresser. Das muß er nachsprechen.
Auch medizinisch unterweist sie ihn, lehrt ihn Krank-
heiten, wie Brustentzündung, Blutentzündung und Luftentzündung.[1] Wenn er nicht achtgibt und es nicht nachsprechen kann, stellt sie ihn in die Ecke. Einmal hat sie
ihm noch dazu eine Ohrfeige gegeben, aber darüber hat
sie sich so geschämt, daß sie sich selber auf längere Zeit
in die Ecke gestellt hat. Ja, sie kommen gut miteinander
aus, sind ein Herz und eine Seele. Alles erleben sie gemeinsam, alle Abenteuer. Sie kommen nach Hause und
erzählen noch ganz erregt und wie aus einem Munde, daß
sie auf der Landstraße „zwei Kuhli-Muhli und ein Kalb-
fleisch" gesehen haben. Mit den Dienstboten unten, mit
Xaver und den Damen Hinterhöfer, zwei ehemals bürgerlichen Schwestern, die „au pair", wie man sagt, das ist
gegen Kost und Logis, die Ämter der Köchin und des
Zimmermädchens versehen, leben sie auf vertrautem Fuß,
empfinden wenigstens zeitweise eine gewisse Verwandt-
schaft des Verhältnisses dieser Unteren zu den Eltern mit
dem ihren. Sind sie gescholten worden, so gehen sie in
die Küche und sagen: „Unsere Herrschaften sind bös!"
Dennoch aber ist es ein schöneres Spielen mit den Oberen
und namentlich mit „Abel", wenn er nicht lesen und

schreiben muß. Ihm fallen wundervollere Dinge ein als
Xaver und den Damen. Die beiden spielen, daß sie „vier
Herren" sind und spazieren gehen. Dann macht „Abel"
ganz krumme Knie, so daß er ebenso klein ist wie sie,
und geht so mit spazieren, Hand in Hand mit ihnen,
wovon sie nicht genug haben können. Den ganzen Tag
könnten sie, alles in allem fünf Herren, mit dem klein
gewordenen „Abel" rund um das Eßzimmer spazieren gehn.

Ferner ist da das äußerst spannende Kissenspiel, darin
bestehend, daß eines der Kinder, aber meistens Lorchen,
sich, scheinbar unbemerkt von Abel, auf seinen Stuhl am
Eßtisch setzt und mäuschenstill sein Kommen erwartet.
In der Luft herumblickend und unter Reden, die laut
und stark dem Vertrauen auf die Bequemlichkeit seines
Stuhles Ausdruck geben, nähert er sich und nimmt auf
Lorchen Platz. „Wie?" sagt er. „Was?" Und rückt hin
und her, ohne das versteckte Kichern zu hören, das hinter
ihm laut wird. „Man hat mir ein Kissen auf meinen Stuhl
gelegt? Was für ein hartes, unregelmäßiges, vertracktes
Kissen ist das, auf dem ich so auffallend unbequem sitze?!"
Und immer stärker rutscht er auf dem befremdenden
Kissen hin und her und greift hinter sich in das entzückte
Kichern und Quieken hinein, bis er sich endlich um-
wendet und eine große Entdeckungs- und Erkennungsszene
das Drama beschließt. Auch dieses Spiel büßt durch
hundertfache Wiederholung nichts von seinen Spannungs-
reizen ein.

Heut kommt es nicht zu solchen Vergnügungen. Die
Unruhe des bevorstehenden Festes der „Großen" liegt in
der Luft, dem noch der Einkauf mit verteilten Rollen
vorangehen muß: Lorchen hat nur eben „Eisenbahn,
Eisenbahn" rezitiert und Doktor Cornelius gerade zu ihrer
Beschämung entdeckt, daß ja ihre Ohren ganz verschieden
groß sind, als Danny, der Nachbarssohn, eintrifft, um
Bert und Ingrid abzuholen; und auch Xaver hat schon
seine gestreifte Livree mit der Ziviljacke vertauscht, die
ihm sofort ein etwas strizzihaftes,[1] wenn auch immer noch

flottes und sympathisches Aussehen verleiht. So suchen denn die Kleinen mit Kinds-Anna ihr Reich im Obergeschoß wieder auf, während der Professor sich in sein Arbeitszimmer zurückzieht, um zu lesen, wie es nach Tische seine Gewohnheit ist, und seine Frau Gedanken und Tätigkeit auf die Anchovis-Brötchen und den italienischen Salat richtet, die für die Tanzgesellschaft vorzubereiten sind. Sie muß, bevor die Jugend eintrifft, auch noch zu Rade mit ihrer Einkaufstasche zur Stadt fahren, um eine Summe Geldes, die sie in Händen hat, und die sie nicht der Entwertung aussetzen darf, in Lebensmittel umzusetzen.[1]

Cornelius liest, in seinen Stuhl zurückgelehnt. Die Zigarre zwischen Zeige- und Mittelfinger liest er im Macaulay[2] etwas nach über die Entstehung der englischen Staatsschuld zu Ende des siebzehnten Jahrhunderts und danach bei einem französischen Autor etwas über die wachsende Verschuldung Spaniens gegen Ende des sechzehnten – beides für sein Kolleg von morgen vormittag. Denn er will Englands überraschende wirtschaftliche Prosperität von damals vergleichen mit den verhängnisvollen Wirkungen, die die Staatsverschuldung hundert Jahre früher in Spanien zeitigte, und die ethischen und psychologischen Ursachen dieses Unterschiedes analysieren. Das gibt ihm nämlich Gelegenheit, von dem England Wilhelms III., um das es sich eigentlich gerade handelt, auf das Zeitalter Philipps II. und der Gegenreformation zu kommen, das sein Steckenpferd ist, und über das er selbst ein verdienstvolles Buch geschrieben hat – ein vielzitiertes Werk, dem er sein Ordinariat[3] verdankt. Während seine Zigarre zu Ende geht und dabei etwas zu schwer wird, bewegt er bei sich ein paar leise melancholisch gefärbte Sätze, die er morgen vor seinen Studenten sprechen will, über den sachlich aussichtslosen Kampf des langsamen Philipp gegen das Neue, den Gang der Geschichte, die reichzersetzenden Kräfte des Individuums und der germanischen Freiheit, über diesen vom Leben verurteilten

und also auch von Gott verworfenen Kampf beharrender
Vornehmheit gegen die Mächte des Fortschritts und der
Umgestaltung. Er findet die Sätze gut und feilt noch
daran, während er die benutzten Bücher wieder ein-
räumt und hinauf in sein Schlafzimmer geht, um seinem
Tag die gewohnte Zäsur zu geben, diese Stunde bei geschlossenen Läden und mit geschlossenen Augen, die er
braucht, und die heute, wie ihm nach der wissenschaftlichen Ablenkung wieder einfällt, im Zeichen häuslich-
festlicher Unruhe stehen wird. Er lächelt über das schwache Herzklopfen, das diese Erinnerung ihm verursacht;
in seinem Kopfe vermischen sich die Satzentwürfe über
den in schwarzes Seidentuch gekleideten Philipp mit dem
Gedanken an den Hausball der Kinder, und so schläft er
auf fünf Minuten ein.

Wiederholt, während er liegt und ruht, hört er die
Hausglocke gehen, die Gartenpforte zufallen, und jedesmal empfindet er einen kleinen Stich der Erregung, Erwartung und Beklemmung bei dem Gedanken, daß es die
jungen Leute sind, die eintreffen und schon die Diele zu
füllen beginnen. Jedesmal wieder lächelt er bei sich
selbst über den Stich, aber auch dieses Lächeln noch ist
ein Ausdruck einer Nervosität, die natürlich übrigens
auch etwas Freude enthält; denn wer freute sich nicht
auf ein Fest. Um halb fünf (es ist schon Abend) steht er
auf und erfrischt sich am Waschtisch. Die Wasch-
schüssel ist seit einem Jahre entzwei. Es ist eine Kippschüssel,[1] die an einer Seite aus dem Gelenke gebrochen
ist und nicht repariert werden kann, weil keine Hand-
werker kommen, und nicht erneuert, weil kein Geschäft
in der Lage ist, eine zu liefern. So ist sie notdürftig über
ihrem Ablauf an den Rändern der Marmorplatte aufgehängt und kann nur entleert werden, indem man sie mit
beiden Händen hochhebt und ausgießt. Cornelius schüttelt, wie täglich mehrmals, den Kopf über die Schüssel,
macht sich dann fertig — mit Sorgfalt übrigens; er putzt
unter dem Deckenlicht seine Brille vollkommen blank

und durchsichtig – und tritt den Gang hinunter ins Eßzimmer an.

Als er unterwegs die Stimmen hört, die drunten ineinander gehen, und das Grammophon, das schon in
Bewegung gesetzt ist, nimmt seine Miene einen gesell-
schaftlich verbindlichen Ausdruck an. „Bitte, sich nicht
stören zu lassen!" beschließt er zu sagen und geradeswegs
ins Eßzimmer zum Tee zu gehen. Der Satz erscheint ihm
als das gegebene Wort der Stunde: heiter-rücksichtsvoll
nach außen, wie es ist, und eine gute Brustwehr für ihn
selber.[1]

Die Diele ist hell erleuchtet; alle elektrischen Kerzen
des Kronleuchters brennen, bis auf eine ganz ausge-
brannte. Auf einer unteren Stufe der Treppe bleibt Cornelius stehen und überblickt die Diele. Sie nimmt sich
hübsch aus im Licht, mit der Marées-Kopie[2] über dem
Backsteinkamin, der Täfelung, die übrigens weiches Holz[3]
ist, und dem roten Teppich, darauf die Gäste umher-
stehen, plaudernd, in den Händen Teetassen und halbe
Brotscheiben, die mit Anchovispaste bestrichen sind.
Festatmosphäre, ein leichter Dunst von Kleidern, Haar
und Atem webt über der Diele, charakteristisch und
erinnerungsvoll. Die Tür zur Garderobe ist offen, denn
noch kommen neue Geladene.

Gesellschaft blendet im ersten Augenblick; der Professor sieht nur das allgemeine Bild. Er hat nicht bemerkt, daß Ingrid, in dunklem Seidenkleid mit weißem
plissierten Schulterüberfall[4] und bloßen Armen, dicht
vor ihm mit Freunden am Fuße der Stufen steht. Sie
nickt und lächelt mit ihren schönen Zähnen zu ihm
herauf.

„Ausgeruht?" fragt sie leise, unter vier Augen. Und
als er sie mit ungerechtfertigter Überraschung erkennt,
macht sie ihn mit den Freunden bekannt.

„Darf ich dir Herrn Zuber vorstellen?" sagt sie. „Das
ist Fräulein Plaichinger."

Herr Zuber ist dürftigen Ansehens, die Plaichinger

dagegen eine Germania,[1] blond, üppig und locker gekleidet, mit Stumpfnase und der hohen Stimme beleibter
Frauen, wie sich herausstellt, als sie dem Professor auf
seine artige Begrüßung antwortet.

„Oh, herzlich willkommen", sagt er. „Das ist ja schön,
daß Sie uns die Ehre schenken. Coabiturientin wahrscheinlich?"

Herr Zuber ist Golfklub-Genosse Ingrids. Er steht im
Wirtschaftsleben, ist in der Brauerei seines Onkels tätig,
und der Professor scherzt einen Augenblick mit ihm über
das dünne Bier, indem er tut, als ob er den Einfluß des
jungen Zuber auf die Qualität des Bieres grenzenlos über-
schätze.. „Aber wollen Sie sich doch ja nicht stören
lassen!" sagt er dann und will ins Eßzimmer hinüber-
gehen.

„Da kommt ja auch Max", sagt Ingrid. „Nun, Max, du
Schlot,[2] was bummelst du so spät heran zu Spiel und
Tanz!"

Das duzt sich allgemein und geht miteinander um, wie
es den Alten ganz fremd ist: von Züchtigkeit, Galanterie
und Salon ist wenig zu spüren.

Ein junger Mensch mit weißer Hemdbrust und schmaler
Smokingschleife kommt von der Garderobe her zur
Treppe und grüßt – brünett, aber rosig, rasiert natürlich,
aber mit einem kleinen Ansatz von Backenbart neben den
Ohren, ein bildhübscher Junge, – nicht lächerlich und
lodernd schön, wie ein Violin-Zigeuner, sondern hübsch
auf eine sehr angenehme, gesittete und gewinnende Art,
mit freundlichen, schwarzen Augen, und der Smoking
sitzt ihm sogar noch etwas ungeschickt. „Na, na, nicht
schimpfen, Cornelia.[3] Das blöde Kolleg", sagt er; und
Ingrid stellt ihn dem Vater vor als Herrn Hergesell.

So, das ist also Herr Hergesell. Wohlerzogen bedankt
er sich beim Hausherrn, der ihm die Hand schüttelt, für
die freundliche Einladung. „Ich zügele etwas nach", sagt
er und macht einen kleinen sprachlichen Scherz.[4] „Aus-
gerechnet Bananen[5] muß ich heute bis vier Uhr Kolleg

haben; und dann sollte ich doch noch nach Hause, mich umziehen." Hierauf spricht er von seinen Pumps, mit denen er eben in der Garderobe große Plage gehabt haben will.

„Ich habe sie im Beutel mitgebracht", erzählt er. „Es geht doch nicht, daß wir Ihnen hier mit den Straßenschuhen den Teppich zertrampeln. Nun hatte ich aber verblendeterweise[1] keinen Schuhlöffel eingesteckt und konnte bei Gott nicht hineinkommen, haha, stellen Sie sich vor, eine unglaubliche Kiste![2] Mein Lebtag habe ich nicht so enge Pumps gehabt. Die Nummern fallen verschieden aus, es ist kein Verlaß darauf, und dann ist das Zeug auch hart heutzutage – schauen Sie, das ist kein Leder, das ist Gußeisen! Den ganzen Zeigefinger habe ich mir zerquetscht . . ." Und er weist zutraulich seinen geröteten Zeigefinger vor, indem er das Ganze noch einmal als eine „Kiste" bezeichnet, und zwar als eine ekelhafte. Er spricht wirklich ganz so, wie Ingrid es nachgemacht hat: nasal und auf besondere Weise gedehnt, aber offenbar ohne jede Affektation, sondern eben nur, weil es so in der Art aller Hergesells liegt.

Doktor Cornelius rügt es, daß kein Schuhlöffel in der Garderobe ist, und erweist dem Zeigefinger alle Teilnahme. „Nun dürfen Sie sich aber absolut nicht stören lassen", sagt er. „Auf Wiedersehen!" Und er geht über die Diele ins Eßzimmer.

Auch dort sind Gäste; der Familientisch ist lang ausgezogen, und es wird Tee daran getrunken. Aber der Professor geht geradeswegs in den mit Stickerei ausgeschlagenen und von einem eigenen kleinen Deckenkörper[3] besonders beleuchteten Winkel, an dessen Rundtischchen er Tee zu trinken pflegt. Er findet dort seine Frau im Gespräch mit Bert und zwei anderen jungen Herren. Der eine ist Herzl; Cornelius kennt und begrüßt ihn. Der andere heißt Möller – ein Wandervogeltyp,[4] der bürgerliche Festkleider offenbar weder besitzt noch besitzen will (im Grunde gibt es das gar nicht mehr), ein junger

Mensch, der fern davon ist, den „Herrn"[1] zu spielen (das
gibt es im Grunde auch nicht mehr) – in gegürteter Bluse
und kurzer Hose, mit einer dicken Haartolle, langem
Hals und einer Hornbrille. Er ist im Bankfach tätig, wie
der Professor erfährt, ist aber außerdem etwas wie ein
künstlerischer Folklorist, ein Sammler und Sänger von
Volksliedern aus allen Zonen und Zungen. Auch heute
hat er auf Wunsch seine Gitarre mitgebracht. Sie hängt
noch im Wachstuchsack in der Garderobe.

Schauspieler Herzl ist schmal und klein, hat aber einen
mächtigen schwarzen Bartwuchs, wie man an der über-
puderten Rasur erkennt. Seine Augen sind übergroß,
glutvoll und tief schwermütig; dabei hat er jedoch außer
dem vielen Rasierpuder offenbar auch etwas Rot aufgelegt – das matte Karmesin auf der Höhe seiner Wangen
ist sichtlich kosmetischer Herkunft. Sonderbar, denkt
der Professor. Man sollte meinen, entweder Schwermut
oder Schminke. Zusammen bildet es doch einen seelischen Widerspruch. Wie mag ein Schwermütiger sich
schminken? Aber da haben wir wohl eben die besondere,
fremdartige seelische Form des Künstlers, die diesen
Widerspruch möglich macht, vielleicht geradezu daraus
besteht. Interessant und kein Grund, es an Zuvorkommen-
heit fehlen zu lassen. Es ist eine legitime Form, eine
Urform[2]. . . „Nehmen Sie etwas Zitrone, Herr Hofschauspieler!"

Hofschauspieler gibt es gar nicht mehr, aber Herzl
hört den Titel gern, obgleich er ein revolutionärer
Künstler ist. Das ist auch so ein Widerspruch, der zu
seiner seelischen Form gehört. Mit Recht setzt der Professor sein Vorhandensein voraus und schmeichelt ihm,
gewissermaßen zur Sühne für den geheimen Anstoß, den
er an dem leichten Auftrag von Rouge auf Herzls Wangen
genommen.

„Allerverbindlichsten Dank, verehrter Herr Professor!"
sagt Herzl so überstürzt, daß nur seine hervorragende
Sprechtechnik eine Entgleisung seiner Zunge verhütet.

Überhaupt ist sein Verhalten gegen die Wirte und gegen den Hausherrn im besonderen von dem größten Respekt, ja von fast übertriebener und unterwürfiger Höflichkeit getragen. Es ist, als habe er ein schlechtes Gewissen wegen des Rouge, das aufzulegen er zwar innerlich gezwungen war, das er aber selbst aus der Seele des Professors heraus mißbilligt, und mit dem er durch größte Bescheidenheit gegen die nicht geschminkte Welt zu versöhnen sucht.

Man unterhält sich, während man Tee trinkt, von Möllers Volksliedern, von spanischen, baskischen Volksliedern, und von da kommt man auf die Neu-Einstudierung von Schillers „Don Carlos" im Staatstheater, eine Aufführung, in der Herzl die Titelrolle spielt. Er spricht von seinem Carlos. „Ich hoffe", sagt er, „mein Carlos ist aus einem Guß." Auch von der übrigen Besetzung ist kritisch die Rede, von den Werten der Inszenierung, dem Milieu, und schon sieht sich der Professor wieder in sein Fahrwasser bugsiert, auf das Spanien der Gegenreformation gebracht, was ihn fast peinlich dünkt. Er ist ganz unschuldig daran, hat gar nichts getan, dem Gespräch diese Wendung zu geben. Er fürchtet, daß es aussehen könnte, als habe er die Gelegenheit gesucht, zu dozieren, wundert sich und wird darüber schweigsam. Es ist ihm lieb, daß die Kleinen an den Tisch kommen, Lorchen und Beißer. Sie haben blaue Sammetkleidchen an, ihr Sonntagshabit, und wollen ebenfalls bis zur Schlafensstunde auf ihre Art an dem Feste der Großen teilnehmen. Schüchtern und mit großen Augen sagen sie den Fremden guten Tag, müssen ihre Namen und ihr Alter sagen. Herr Möller sieht sie nur ernsthaft an, aber Schauspieler Herzl zeigt sich völlig berückt, beglückt und entzückt[1] von ihnen. Er segnet sie geradezu, hebt die Augen zum Himmel und faltet die Hände vor seinem Mund. Es kommt ihm gewiß von Herzen, aber die Gewöhnung an die Wirkungsbedingungen des Theaters macht seine Worte und Taten fürchterlich falsch, und außerdem scheint es,

als solle auch seine Devotion vor den Kindern mit dem
Rouge auf der Höhe seiner Wangen versöhnen.

Der Teetisch der Gäste hat sich schon geleert, auf der
Diele wird nun getanzt, die Kleinen laufen dorthin, und
der Professor zieht sich zurück. „Recht viel Vergnügen!"
sagt er, indem er den Herren Möller und Herzl, die aufgesprungen sind, die Hand schüttelt. Und er geht in sein
Arbeitszimmer hinüber, sein gefriedetes Reich, wo er
die Rolläden herunterläßt, die Schreibtischlampe andreht
und sich zu seiner Arbeit setzt.

Es ist Arbeit, die sich bei unruhiger Umgebung zur
Not erledigen läßt: ein paar Briefe, ein paar Exzerpte.
Natürlich ist Cornelius zerstreut. Er hängt kleinen Ein-
drücken nach, den ungeschmeidigen Pumps des Herrn
Hergesell, der hohen Stimme in dem dicken Körper der
Plaichinger. Auch auf Möllers baskische Liedersammlung
gehen seine Gedanken zurück, während er schreibt oder
zurückgelehnt ins Leere blickt, auf Herzls Demut und
Übertriebenheit, „seinen" Carlos und Philipps Hof. Mit
Gesprächen, findet er, ist es geheimnisvoll. Sie sind
gefügig, gehen ganz ungelenkt einem insgeheim domini-
renden Interesse nach. Er meint das öfters beobachtet
zu haben. Zwischendurch lauscht er auf die übrigens
keineswegs lärmenden Geräusche des Hausballes draußen.
Nur einiges Reden, nicht einmal Tanzgeschlürf ist zu
hören. Sie schlürfen und kreisen ja nicht, sie gehen
sonderbar auf dem Teppich herum, der sie nicht stört,
ganz anders angefaßt, als es zu seiner Zeit geschah, zu den
Klängen des Grammophons, denen er hauptsächlich nach-
hängt, diesen sonderbaren Weisen der neuen Welt, jazz-
artig instrumentiert, mit allerlei Schlagzeug, das der Appa-
rat vorzüglich wiedergibt, und dem schnalzenden Ge-
knack der Kastagnetten, die aber eben nur als Jazz-
Instrument und durchaus nicht spanisch wirken. Nein,
spanisch nicht. Und er ist wieder bei seinen Berufs-
gedanken.

Nach einer halben Stunde fällt ihm ein, daß es nicht

mehr als freundlich von ihm wäre, mit einer Schachtel Zigaretten zu der Lustbarkeit beizutragen. Es geht nicht an, findet er, daß die jungen Leute ihre eigenen Zigaretten rauchen — obgleich sie selbst sich wohl nicht viel dabei denken würden. Und er geht ins leere Eßzimmer und nimmt aus dem Wandschränkchen eine Schachtel von seinem Vorrat, nicht gerade die besten, oder doch nicht gerade die, die er selber am liebsten raucht, ein etwas zu langes und dünnes Format, das er nicht ungern los wird bei dieser Gelegenheit, denn schließlich sind es ja junge Leute. Er geht damit auf die Diele, hebt lächelnd die Schachtel hoch und stellt sie offen auf die Kaminplatte, um sich sogleich und nur unter leichter Umschau wieder gegen sein Zimmer zu wenden.

Eben ist Tanzpause, der Musikapparat schweigt. Man steht und sitzt an den Rändern der Diele plaudernd umher, an dem Mappentisch[1] vor den Fenstern, auf den Stühlen vor dem Kamin. Auch auf den Stufen der eingebauten Treppe, ihrem reichlich schadhaften Plüschläufer sitzt junge Welt amphitheatralisch: Max Hergesell zum Beispiel sitzt dort mit der üppig-hochstimmigen Plaichinger, die ihm ins Gesicht blickt, während er halb liegend zu ihr spricht, den einen Ellbogen hinter sich auf die nächsthöhere Stufe gestützt und mit der anderen Hand zu seinen Reden gestikulierend. Die Hauptfläche des Raumes ist leer; nur in der Mitte, gerade unter dem Kronleuchter, sieht man die beiden Kleinen in ihren blauen Kleidchen, ungeschickt umschlungen, sich still, benommen und langsam um sich selber drehen. Cornelius beugt sich im Vorbeigehen zu ihnen nieder und streicht ihnen mit einem guten Wort über das Haar, ohne daß sie sich dadurch stören ließen in ihrem kleinen, ernsthaften Tun. Aber an seiner Türe sieht er noch, wie stud. ing. Hergesell, wahrscheinlich weil er den Professor bemerkt hat, sich mit dem Ellbogen von der Stufe abstößt, herunterkommt und Lorchen aus den Ärmchen ihres Bruders nimmt, um selber drollig und ohne Musik

mit ihr zu tanzen. Beinahe wie Cornelius selbst macht
er es, wenn dieser mit den „vier Herren" spazieren geht,
beugt tief die Knie, indem er sie anzufassen sucht wie
eine Große und macht einige Shimmy-Schritte[1] mit dem
verschämten Lorchen. Wer es bemerkt, amüsiert sich
sehr. Es ist das Zeichen, das Grammophon wieder laufen
zu lassen, den Tanz allgemein wieder aufzunehmen. Der
Professor, den Türgriff in der Hand, sieht einen Augenblick nickend und mit den Schultern lachend zu und tritt
in sein Zimmer. Noch einige Minuten lang halten seine
Züge das Lächeln von draußen mechanisch fest.

Er blättert wieder bei seiner Schirmlampe und schreibt,
erledigt ein paar anspruchslose Sachlichkeiten. Nach einer
Weile beobachtet er, daß die Gesellschaft sich von der
Diele in den Salon seiner Frau hinüberzieht, welcher sowohl mit der Diele wie mit seinem Zimmer Verbindung
hat. Dort wird nun gesprochen, und Gitarrenklänge
mischen sich versuchend darein. Herr Möller will also
singen, und er singt auch schon. Zu tönenden Gitarren-
griffen singt der junge Beamte mit kräftiger Baßstimme
ein Lied in fremder Sprache – kann sein, daß es Schwe-
disch ist; mit voller Bestimmtheit vermag der Professor
es bis zum Schluß, dem mit großem Beifall aufgenom-
menen Schluß, nicht zu erkennen. Eine Portière ist
hinter der Tür zum Salon, sie dämpft den Schall. Als
ein neues Lied beginnt, geht Cornelius vorsichtig hinüber.

Es ist halb dunkel im Salon. Nur die verhüllte Steh-
lampe brennt, und in ihrer Nähe sitzt Möller mit übergeschlagenem Bein auf dem Truhenpolster und greift mit
dem Daumen in die Saiten. Die Anordnung des Publikums ist zwanglos, trägt das Gepräge lässigen Notbehelfs,
da für so viele Zuhörer nicht Sitzplätze vorhanden sind.
Einige stehen, aber viele, auch junge Damen, sitzen einfach am Boden, auf dem Teppich, die Knie mit den
Armen umschlungen oder auch die Beine vor sich ge-
streckt. Hergesell zum Beispiel, wiewohl im Smoking,
sitzt so an der Erde, zu Füßen des Flügels, und neben ihm

die Plaichinger. Auch die „Kleinen" sind da: Frau Cornelius, in ihrem Lehnstuhl dem Sänger gegenüber, hält sie beide auf dem Schoß, und Beißer, der Barbar, fängt in den Gesang hinein laut zu reden an, so daß er durch Zischen und Fingerdrohen eingeschüchtert werden muß. Nie würde Lorchen sich so etwas zuschulden kommen lassen: sie hält sich zart und still auf dem Knie der Mutter. Der Professor sucht ihren Blick, um seinem Kindchen heimlich zuzuwinken; aber sie sieht ihn nicht, obgleich sie auch den Künstler nicht zu beachten scheint. Ihre Augen gehen tiefer.

Möller singt den „Joli tambour":

„Sire, mon roi, donnez-moi votre fille –"

Alle sind entzückt. „Wie gut!" hört man Hergesell in der nasalen und besonderen, gleichsam verwöhnten Art aller Hergesells sagen. Es folgt dann etwas Deutsches, wozu Herr Möller selbst die Melodie komponiert hat und was stürmischen Beifall bei der Jugend findet, ein Bettlerlied[1]:

„Bettelweibel will kirfarten gehn,
    Jejucheh!
Bettelmandl will a mitgehn,
    Tideldumteideh."

Geradezu Jubel herrscht nach dem fröhlichen Bettlerlied. „Wie ausnehmend gut!" sagt Hergesell wieder auf seine Art. Noch etwas Ungarisches kommt, auch ein Schlager, in der wildfremden Originalsprache vorgetragen, und Möller hat starken Erfolg. Auch der Professor beteiligt sich ostentativ an dem Applaus. Dieser Einschlag von Bildung und historisierend-rückblickender Kunstübung in die Shimmy-Geselligkeit erwärmt ihn. Er tritt an Möller heran, gratuliert ihm und unterhält sich mit ihm über das Vorgetragene, über seine Quellen, ein Liederbuch mit Noten, das Möller ihm zur Einsichtnahme zu leihen verspricht. Cornelius ist um so liebenswürdiger gegen ihn, als er, nach Art aller Väter, die Gaben und

Werte des fremden jungen Menschen sofort mit denen
seines eigenen Sohnes vergleicht und Unruhe, Neid und
Beschämung dabei empfindet. Da ist nun dieser Möller,
denkt er, ein tüchtiger Bankbeamter. (Er weiß gar nicht,
ob Möller in der Bank so sehr tüchtig ist.) Und dabei
hat er noch dies spezielle Talent aufzuweisen, zu dessen
Ausbildung natürlich Energie und Studium gehört haben.
Dagegen mein armer Bert, der nichts weiß und nichts
kann und nur daran denkt, den Hanswursten zu spielen,[1]
obgleich er gewiß nicht einmal dazu Talent hat! – Er
möchte gerecht sein, sagt sich versuchsweise, daß Bert
bei alledem ein feiner Junge ist, mit mehr Fonds vielleicht als der erfolgreiche Möller[2]; daß möglicherweise
ein Dichter in ihm steckt oder so etwas, und daß seine
tänzerischen Kellnerpläne bloß knabenhaftes und zeitver-
störtes Irrlichtelieren sind. Aber sein neidvoller Vater-
pessimismus ist stärker. – Als Möller noch einmal zu
singen beginnt, geht Doktor Cornelius wieder zu sich
hinüber.

Es wird sieben, während er es bei geteilter Aufmerksamkeit treibt wie bisher; und da ihm noch ein kurzer,
sachlicher Brief einfällt, den er ganz gut jetzt schreiben
kann, wird es – denn Schreiben ist ein sehr starker Zeit-
vertreib – beinahe halb acht. Halb neun Uhr soll der
italienische Salat eingenommen werden, und so heißt es
denn nun ausgehen für den Professor, seine Post ein-
werfen und sich im Winterdunkel sein Quantum Luft
und Bewegung verschaffen. Längst ist der Ball auf der
Diele wieder eröffnet; er muß hindurch, um zu seinem
Mantel und seinen Überschuhen zu gelangen, aber das hat
weiter nichts Spannendes mehr: er ist ja ein wiederholt ge-
sehener Hospitant bei der Jugendgeselligkeit und braucht
nicht zu fürchten, daß er stört. Er tritt hinaus, nachdem
er seine Papiere verwahrt und seine Briefe an sich genommen, und verweilt sich sogar etwas auf der Diele,
da er seine Frau in einem Lehnstuhl neben der Tür seines
Zimmers sitzend findet.

Sie sitzt dort und sieht zu, zuweilen besucht von den Großen und anderen jungen Leuten, und Cornelius stellt sich neben sie und blickt ebenfalls lächelnd in das Treiben, das nun offenbar auf den Höhepunkt seiner Lebhaftigkeit gekommen ist. Es sind noch mehr Zuschauer da: die blaue Anna, in strenger Beschränktheit, steht an der Treppe, weil die Kleinen der Festivität nicht satt werden und weil sie achtgeben muß, daß Beißer sich nicht zu heftig dreht und so sein allzu fettes Blut in gefährliche Wallung bringt. Aber auch die untere Welt will etwas vom Tanzvergnügen der Großen haben; sowohl die Damen Hinterhöfer wie auch Xaver stehen an der Tür zur Anrichte¹ und unterhalten sich mit Zusehen. Fräulein Walburga, die ältere der deklassierten Schwestern und der kochende Teil (um sie nicht geradezu als Köchin zu bezeichnen, da sie es nicht gerne hört), schaut mit braunen Augen durch ihre dick geschliffene Rundbrille, deren Nasenbügel, damit er nicht drücke, mit einem Leinenläppchen umwunden ist – ein gutmütighumoristischer Typ, während Fräulein Cäcilia, die jüngere, wenn auch nicht eben junge, wie stets eine äußerst süffisante² Miene zur Schau trägt – in Wahrung ihrer Würde als ehemalige Angehörige des dritten Standes. Sehr bitter leidet Fräulein Cäcilia unter ihrem Sturz aus der kleinbürgerlichen Sphäre in die Dienstbotenregion. Sie lehnt es strikte ab, ein Mützchen oder sonst irgendein Abzeichen des Zimmermädchenberufs zu tragen, und ihre schwerste Stunde kommt regelmäßig am Mittwochabend, wenn Xaver Ausgang hat und sie servieren muß. Sie serviert mit abgewandtem Gesicht und gerümpfter Nase, ein gefallene Königin; es ist eine Qual und tiefe Bedrückung, ihre Erniedrigung mit anzusehen, und die „Kleinen", als sie einmal zufällig am Abendessen teilnahmen, haben bei ihrem Anblick alle beide und genau gleichzeitig laut zu weinen begonnen. Solche Leiden kennt Jung-Xaver nicht. Er serviert sogar recht gern, tut es mit einem gewissen sowohl natürlichen wie geübten

Geschick, denn er war einmal Pikkolo. Sonst aber ist er
wirklich ein ausgemachter Taugenichts und Windbeutel
– mit positiven Eigenschaften, wie seine bescheidene
Herrschaft jederzeit zuzugeben bereit ist, aber ein un-
möglicher Windbeutel eben doch. Man muß ihn nehmen, wie er ist, und von dem Dornbusch nicht Feigen
verlangen.[1] Er ist ein Kind und Früchtchen der gelösten
Zeit,[2] ein rechtes Beispiel seiner Generation, ein Revo-
lutionsdiener, ein sympathischer Bolschewist. Der Professor pflegt ihn als „Festordner"[3] zu kennzeichnen, da
er bei außerordentlichen, bei amüsanten Gelegenheiten
durchaus seinen Mann steht, sich anstellig und gefällig
erweist. Aber, völlig unbekannt mit der Vorstellung der
Pflicht, ist er für die Erfüllung langweilig laufender, all-
täglicher Obliegenheiten so wenig zu gewinnen, wie man
gewisse Hunde dazu bringt, über den Stock zu springen.
Offensichtlich wäre es gegen seine Natur, und das ent-
waffnet und stimmt zum Verzicht. Aus einem bestimmten, ungewöhnlichen und amüsanten Anlaß wäre er bereit, zu jeder beliebigen Nachtstunde das Bett zu verlassen.
Alltäglich aber steht er nicht vor acht Uhr auf – er tut es
nicht, er springt nicht über den Stock; aber den ganzen
Tag schallen die Äußerungen seiner gelösten Existenz,
sein Mundharmonikaspiel, sein rauher, aber gefühlvoller
Gesang, sein fröhliches Pfeifen aus dem Küchen-Souterrain
ins obere Haus empor, während der Rauch seiner Zigaretten die Anrichte füllt. Er steht und sieht den gefallenen
Damen zu, die arbeiten. Des Morgens, wenn der Professor frühstückt, reißt er auf dessen Schreibtisch das
Kalenderblatt ab – sonst legt er keine Hand an das Zimmer.
Er soll das Kalenderblatt in Ruhe lassen, Doktor Cornelius hat es ihm oftmals anbefohlen, da dieser dazu neigt,
auch das nächste noch abzureißen, und so Gefahr läuft,
aus aller Ordnung zu geraten. Aber diese Arbeit des
Blattabreißens gefällt dem jungen Xaver, und darum läßt
er sie sich nicht nehmen.

Übrigens ist er ein Kinderfreund, das gehört zu seinen

gewinnenden Seiten. Er spielt aufs treuherzigste mit den
Kleinen im Garten, schnitzt und bastelt ihnen talentvoll
dieses und jenes, ja liest ihnen sogar mit seinen dicken
Lippen aus ihren Büchern vor, was wunderlich genug zu
hören ist. Das Kino liebt er von ganzer Seele und neigt
zu Schwermut, Sehnsucht und Selbstgesprächen, wenn er
es besucht hat. Unbestimmte Hoffnungen, dieser Welt
eines Tages persönlich anzugehören und darin sein Glück
zu machen, bewegen ihn. Er begründet sie auf sein
Schüttelhaar und seine körperliche Gewandtheit und
Waghalsigkeit. Öfters besteigt er die Esche im Vor-
garten, einen hohen, aber schwanken Baum, klettert von
Zweig zu Zweig bis in den obersten Wipfel, so daß jedem
angst und bange wird, der ihm zusieht. Oben zündet er
sich eine Zigarette an, schwingt sich hin und her, daß der
hohe Mast bis in seine Wurzeln schwankt, und hält Ausschau nach einem Kinodirektor, der des Weges kommen
und ihn engagieren könnte.

Zöge er seine gestreifte Jacke aus und legte Zivil an,
so könnte er einfach mittanzen; er würde nicht sonder-
lich aus dem Rahmen fallen. Die Freundschaft der Großen
ist von gemischtem Äußeren; der bürgerliche Gesell-
schaftsanzug kommt wohl mehrmals vor unter den jungen
Leuten, ist aber nicht herrschend: Typen von der Art
des Lieder-Möller sind vielfach eingesprengt, und zwar
sowohl weiblicherseits wie unter den jungen Herren.
Dem Professor, der neben dem Sessel seiner Frau stehend
ins Bild blickt, sind die sozialen Umstände dieses Nach-
wuchses beiläufig und vom Hörensagen bekannt. Es sind
Gymnasiastinnen, Studentinnen und Kunstgewerblerin-
nen; es sind im männlichen Teil manchmal rein aben-
teuerliche und von der Zeit ganz eigens erfundene Exi-
stenzen. Ein bleicher, lang aufgeschossener Jüngling mit
Perlen im Hemd, Sohn eines Zahnarztes, ist nichts als
Börsenspekulant und lebt nach allem, was der Professor
hört, in dieser Eigenschaft wie Aladdin mit der Wunder-
lampe. Er hält sich ein Auto, gibt seinen Freunden

Champagnersoupers und liebt es, bei jeder Gelegenheit
Geschenke unter sie zu verteilen, kostbare kleine Andenken aus Gold und Perlmutter. Auch heute hat er den
jungen Gastgebern Geschenke mitgebracht: einen gol-
denen Bleistift für Bert und für Ingrid ein Paar riesiger
Ohrringe, wirkliche Ringe und von barbarischer Größe,
die aber gottlob nicht im Ernst durchs Läppchen zu
ziehen, sondern nur mit einer Zwicke darüber zu befestigen sind. Die „Großen" kommen und zeigen ihre
Geschenke lachend den Eltern, und diese schütteln die
Köpfe, indem sie sie bewundern, während Aladdin sich
wiederholt aus der Ferne verbeugt.

Die Jugend tanzt eifrig, soweit man es Tanzen nennen
kann, was sie da mit ruhiger Hingebung vollzieht. Das
schiebt sich eigentümlich umfaßt und in neuartiger Haltung, den Unterleib vorgedrückt, die Schultern hochgezogen und mit einigem Wiegen der Hüften, nach
undurchsichtiger Vorschrift schreitend, langsam auf dem
Teppich umher, ohne zu ermüden, da man auf diese
Weise gar nicht ermüden kann. Wogende Busen, erhöhte
Wangen[1] auch nur, sind nicht zu bemerken. Hie und da
tanzen zwei junge Mädchen zusammen, zuweilen sogar
zwei junge Männer; es ist ihnen alles einerlei. Sie gehen
so zu den exotischen Klängen des Grammophons, das mit
robusten Nadeln bedient wird, damit es laut klingt, und
seine Shimmys, Foxtrotts und Onesteps erschallen läßt,
diese Double Fox, Afrikanischen Shimmys, Java dances
und Polka Creolas – wildes, parfümiertes Zeug, teils
schmachtend, teils exerzierend,[2] von fremdem Rhythmus,
ein monotones, mit orchestralem Zierat, Schlagzeug, Ge-
klimper und Schnalzen aufgeputztes Neger-Amüsement.

„Wie heißt die Platte?" erkundigt sich Cornelius bei
der mit dem bleichen Spekulanten vorüberschiebenden
Ingrid nach einem Stück, das nicht übel schmachtet und
exerziert und ihn durch gewisse Einzelheiten der Er-
findung vergleichsweise anmutet.

„Fürst von Pappenheim, Tröste dich, mein schönes

Kind",[1] sagt sie und lächelt angenehm mit ihren weißen
Zähnen.

Zigarettenrauch schwebt unter dem Kronleuchter. Der
Geselligkeitsdunst hat sich verstärkt — dieser trocken-
süßliche, verdickte, erregende, an Ingredienzien reiche
Festbrodem, der für jeden Menschen, besonders aber für
den, der eine allzu empfindliche Jugend überstand, so
voll ist von Erinnerungen unreifer Herzenspein . . . Die
„Kleinen" sind immer noch auf der Diele; bis acht dürfen
sie mittun, da ihnen das Fest so große Freude macht.
Die jungen Leute haben sich an ihre Teilnahme gewöhnt;
sie gehören dazu auf ihre Art und gewissermaßen. Übrigens haben sie sich getrennt: Beißer dreht sich allein in
seinem blausamtenen Kittelchen in der Mitte des Tep-
pichs, während Lorchen drolligerweise hinter einem
schiebenden Paare herläuft und den Tänzer an seinem
Smoking festzuhalten sucht. Es ist Max Hergesell mit
seiner Dame, der Plaichinger. Sie schieben gut, es ist
ein Vergnügen, ihnen zuzusehen. Man muß einräumen,
daß aus diesen Tänzen der wilden Neuzeit sehr wohl
etwas Erfreuliches gemacht werden kann, wenn die rechten Leute sich ihrer annehmen. Der junge Hergesell
führt vorzüglich, frei innerhalb der Regel, wie es scheint.
Wie elegant er rückwärts auszuschreiten weiß, wenn
Raum vorhanden ist! Aber auch auf dem Platz, im Gedränge versteht er sich mit Geschmack zu halten, unter-
stützt von der Schmiegsamkeit einer Partnerin, die die
überraschende Grazie entwickelt, über welche volleibige
Frauen manchmal verfügen. Sie plaudern Gesicht an
Gesicht und scheinen das sie verfolgende Lorchen nicht
zu beachten. Andere lachen über die Hartnäckigkeit der
Kleinen, und Doktor Cornelius sucht, als die Gruppe an
ihm vorüberkommt, sein Kindchen abzufangen und an
sich zu ziehen. Aber Lorchen entwindet sich ihm
fast gequält und will von Abel zurzeit nichts wissen.
Sie kennt ihn nicht, stemmt das Ärmchen gegen seine
Brust und strebt, das liebe Gesichtchen abgewandt,

nervös und belästigt von ihrn fort, ihrer Caprice nach.
Der Professor kann nicht umhin, sich schmerzlich berührt zu fühlen. In diesem Augenblick haßt er das Fest,
das mit seinen Ingredienzien das Herz seines Lieblings
verwirrt und es ihm entfremdet. Seine Liebe, diese nicht
ganz tendenzlose, an ihrer Wurzel nicht ganz einwand-
freie Liebe ist empfindlich. Er lächelt mechanisch, aber
seine Augen haben sich getrübt und sich irgendwo vor
ihm auf dem Teppichmuster, zwischen den Füßen der
Tanzenden „festgesehen".

„Die Kleinen sollten zu Bette gehn", sagt er zu seiner
Frau. Aber sie bittet um noch eine Viertelstunde für die
Kinder. Man habe sie ihnen zugesagt, da sie den Trubel
so sehr genössen. Er lächelt wieder und schüttelt den
Kopf, bleibt noch einen Augenblick an seinem Platz und
geht dann in die Garderobe, die überfüllt ist von Män-
teln, Tüchern, Hüten und Überschuhen.

Er hat Mühe, seine eigenen Sachen aus dem Wust her-
vorzukramen, und darüber kommt Max Hergesell in die
Garderobe, indem er sich mit dem Taschentuch die
Stirn wischt.

„Herr Professor," sagt er im Tone aller Hergesells und
dienert[1] jugendlich, „ . . . wollen Sie ausgehen? Das ist
eine ganz blöde Kiste mit meinen Pumps, sie drücken
wie Karl der Große.[2] Das Zeug ist mir einfach zu klein,
wie sich herausstellt, von der Härte ganz abgesehen. Es
drückt mich hier auf den Nagel vom großen Zeh," sagt
er und steht auf einem Bein, während er den andern Fuß
in beiden Händen hält, „daß es knapp in Worte zu fassen
ist. Ich habe mich entschließen müssen, zu wechseln,
die Straßenschuhe müssen nun doch dran glauben . . .
Oh, darf ich Ihnen behilflich sein?"

„Aber danke!" sagt Cornelius. „Lassen Sie doch! Be-
freien Sie sich lieber von Ihrer Plage! Sehr liebens-
würdig von Ihnen." Denn Hergesell hat sich auf ein Knie
niedergelassen und hakt ihm die Schließen seiner Über-
schuhe zu.

Der Professor bedankt sich, angenehm berührt von soviel respektvoll treuherziger Dienstfertigkeit. „Noch recht viel Vergnügen," wünscht er, „wenn Sie gewechselt haben! Das geht natürlich nicht an, daß Sie in drückenden Schuhen tanzen. Unbedingt müssen Sie wechseln. Auf Wiedersehn, ich muß etwas Luft schöpfen."

„Gleich tanze ich wieder mit Lorchen", ruft Hergesell ihm noch nach. „Das wird mal eine prima Tänzerin, wenn sie in die Jahre kommt. Garantie!"

„Meinen Sie?" antwortet Cornelius vom Hausflur her. „Ja, Sie sind Fachmann und Champion. Daß Sie sich nur keine Rückgratverkrümmung zuziehen beim Bücken!"

Er winkt und geht. Netter Junge, denkt er, während er das Anwesen verläßt. Stud. ing., klare Direktion, alles in Ordnung. Dabei so gut aussehend und freundlich. – Und schon wieder faßt ihn der Vaterneid seines „armen Bert" wegen, diese Unruhe, die ihm die Existenz des fremden jungen Mannes im rosigsten Licht, die seines Sohnes aber im allertrübsten erscheinen läßt. So tritt er seinen Abendspaziergang an.

Er geht die Allee hinauf, über die Brücke und jenseits ein Stück flußaufwärts, die Uferpromenade entlang bis zur übernächsten Brücke. Es ist naßkalt und schneit zuweilen etwas. Er hat den Mantelkragen aufgestellt, hält den Stock im Rücken, die Krücke an den einen Oberarm gehakt und ventiliert dann und wann seine Lunge tief mit der winterlichen Abendluft. Wie gewöhnlich bei dieser Bewegung denkt er an seine wissenschaftlichen Angelegenheiten, sein Kolleg, die Sätze, die er morgen über Philipps Kampf gegen den germanischen Umsturz sprechen will und die getränkt sein sollen mit Gerechtigkeit und Melancholie. Namentlich mit Gerechtigkeit! denkt er. Sie ist der Geist der Wissenschaft, das Prinzip der Erkenntnis und das Licht, in dem man den jungen Leuten die Dinge zeigen muß, sowohl um der geistigen Zucht willen, wie auch aus menschlich-persönlichen Gründen: um nicht bei ihnen anzustoßen und sie nicht mittelbar in

ihren politischen Gesinnungen zu verletzen, die heutzutage natürlich schrecklich zerklüftet und gegensätzlich
sind, so daß viel Zündstoff vorhanden ist und man sich
leicht das Gescharr[1] der einen Seite zuziehen, womöglich
Skandal erregen kann, wenn man historisch Partei nimmt.
Aber Parteinahme, denkt er, ist eben auch unhistorisch;
historisch allein ist die Gerechtigkeit. Nur allerdings,
eben darum und wohlüberlegt . . . Gerechtigkeit ist
nicht Jugendhitze und frisch-fromm-fröhliche Entschlossenheit,[2] sie ist Melancholie. Da sie jedoch von Natur
Melancholie ist, so sympathisiert sie auch von Natur und
insgeheim mit der melancholischen, der aussichtslosen
Partei und Geschichtsmacht mehr als mit der frisch-
fromm-fröhlichen. Am Ende besteht sie aus solcher
Sympathie und wäre ohne sie gar nicht vorhanden? Am
Ende gibt es also gar keine Gerechtigkeit? fragt sich der
Professor und ist in diesen Gedanken so vertieft, daß er
seine Briefe ganz unbewußt in den Kasten bei der übernächsten Brücke wirft und anfängt zurückzugehen. Es ist
ein die Wissenschaft störender Gedanke, dem er da nach-
hängt, aber er ist selber Wissenschaft, Gewissensange-
legenheit, Psychologie und muß pflichtgemäß vorurteils-
los aufgenommen werden, ob er nun stört oder nicht. . .
Unter solchen Träumereien kehrt Doktor Cornelius nach
Hause zurück.

Im Torbogen der Haustür steht Xaver und scheint nach
ihm auszuschauen.

„Herr Professor," sagt Xaver mit seinen dicken Lippen
und wirft das Haar zurück, „gehen S' nur glei nauf zum
Lorchen. Die hat's."[3] „Was gibt es?" fragt Cornelius
erschrocken. „Ist sie krank?"

„Ne, krank grad net",[4] antwortet Xaver. „Bloß erwischt hat sie's, und recht weinen tut s' alleweil recht
heftik.[5] Es is zwegn den Herrn, der wo mit ihr tanzt
hat, den Frackjacketen, Herrn Hergesell. Net weg hat s'
mögn von der Diele um kein Preis net[6] und weint ganze
Bäch. Recht erwischt hat sie's halt bereits recht heftik."

„Unsinn", sagt der Professor, der eingetreten ist und seine Sachen in die Garderobe wirft. Er sagt nichts weiter, öffnet die verkleidete Glastür zur Diele und gönnt der Tanzgesellschaft keinen Blick, während er rechtshin zur Treppe geht. Er nimmt die Treppe, indem er jede zweite Stufe überschlägt, und begibt sich über die obere Diele und noch einen kleinen Flur direkt ins Kinderzimmer, gefolgt von Xaver, der an der Tür stehen bleibt.

Im Kinderzimmer ist noch helles Licht. Ein bunter Bilderfries aus Papier läuft rings um die Wände, ein großes Regal ist da, das wirr mit Spielzeug gefüllt ist, ein Schaukelpferd mit rotlackierten Nüstern stemmt die Hufe auf seine geschwungenen Wiegebalken, und weiteres Spielzeug – eine kleine Trompete, Bauklötze, Eisenbahnwaggons – liegt noch auf dem Linoleum des Fußbodens umher. Die weißen Geländerbettchen stehen nicht weit voneinander: das Lorchens ganz in der Ecke am Fenster und Beißers einen Schritt davon, frei ins Zimmer hinein.

Beißer schläft. Er hat wie gewöhnlich, unter Blau-Annas Assistenz, mit schallender Stimme gebetet und ist dann sofort in Schlaf gefallen, in seinen stürmischen, rot glühenden, ungeheuer festen Schlaf, in dem auch ein neben seinem Lager abgefeuerter Kanonenschuß ihn nicht stören würde: seine geballten Fäuste, aufs Kissen zurückgeworfen, liegen zu beiden Seiten des Kopfes, neben der von vehementem Schlaf zerzausten, verklebten, schlecht sitzenden kleinen Perücke.

Lorchens Bett ist von Frauen umgeben: außer der blauen Anna stehen auch die Damen Hinterhöfer an seinem Geländer und besprechen sich mit jener sowohl wie untereinander. Sie treten zur Seite, als der Professor sich nähert, und da sieht man denn Lorchen in ihren kleinen Kissen sitzen, bleich und so bitterlich weinend und schluchzend, wie Doktor Cornelius sich nicht erinnert, sie je gesehn zu haben. Ihre schönen kleinen Hände

liegen vor ihr auf der Decke, das mit einer schmalen
Spitzenkante versehene Nachthemdchen ist ihr von einer
ihrer spatzenhaft mageren Schultern geglitten, und den
Kopf, dies süße Köpfchen, das Cornelius so liebt, weil
es mit seinem vorgebauten Untergesichtchen so unge-
wöhnlich blütenhaft auf dem dünnen Stengel des Häls-
chens sitzt, hat sie schräg in den Nacken gelegt, so daß
ihre weinenden Augen hinauf in den Winkel von Decke
und Wand gerichtet sind, und dorthin scheint sie ihrem
eigenen großen Herzeleid beständig zuzunicken; denn,
sei es willkürlich und ausdrucksweise, sei es durch die
Erschütterung des Schluchzens – ihr Köpfchen nickt und
wackelt immerfort, ihr beweglicher Mund aber, mit der
bogenförmig geschnittenen Oberlippe, ist halb geöffnet,
wie bei einer kleinen mater dolorosa, und während die
Tränen ihren Augen entstürzen, stößt sie monotone Kla-
gelaute aus, die nichts mit dem ärgerlichen und über-
flüssigen Geschrei unartiger Kinder zu tun haben, sondern
aus wirklicher Herzensnot kommen und dem Professor,
der Lorchen überhaupt nicht weinen sehen kann, sie aber
so noch nie gesehen hat, ein unerträgliches Mitleid
zufügen. Dies Mitleid äußert sich vor allem in
schärfster Nervosität gegen die beistehenden Damen
Hinterhöfer.

„Mit dem Abendessen", sagt er bewegt, „gibt es sicher
eine Menge zu tun. Wie es scheint, überläßt man es der
gnädigen Frau[1] allein, sich darum zu kümmern?"

Das genügt für die Feinhörigkeit ehemaliger Mittel-
standspersonen. In echter Gekränktheit entfernen sie sich,
an der Tür auch noch mimisch verhöhnt von Xaver
Kleinsgütl, der frischweg und von vornherein gleich nie-
drig geboren ist und dem die Gesunkenheit[2] der Damen
allezeit den größten Spaß macht.

„Kindchen, Kindchen", sagt Cornelius gepreßt und
schließt das leidende Lorchen in seine Arme, indem er
sich auf den Stuhl am Gitterbettchen niederläßt. „Was
ist denn mit meinem Kindchen?"

Sie benäßt sein Gesicht mit ihren Tränen.

„Abel ... Abel ... " stammelt sie schluchzend, „warum
... ist ... Max ... nicht mein Bruder? Max ... soll
... mein Bruder sein ... "

Was für ein Unglück, was für ein peinliches Unglück!
Was hat die Tanzgeselligkeit da angerichtet mit ihren
Ingredienzien! denkt Cornelius und blickt in voller Rat-
losigkeit zur blauen Kinds-Anna auf, welche, die Hände
auf der Schürze zusammengelegt, in würdiger Beschränktheit am Fußende des Bettchens steht. „Es verhält sich an
dem," sagt sie streng und weise, mit angezogener Unter-
lippe, „daß bei dem Kind die weiblichen Triebe ganz
uhngemein lepphaft[1] in Vorschein treten."

„Halten Sie doch den Mund", antwortet Cornelius gequält. Er muß noch froh sein, daß Lorchen sich ihm
wenigstens nicht entzieht, ihn nicht von sich weist, wie
vorhin auf der Diele, sondern sich hilfesuchend an ihn
schmiegt, während sie ihren törichten, verworrenen
Wunsch wiederholt, daß Max doch ihr Bruder sein möchte
und aufjammernd verlangt, zu ihm, auf die Diele, zurück-
zukehren, damit er wieder mit ihr tanze. Aber Max
tanzt ja auf der Diele mit Fräulein Plaichinger, die ein
ausgewachsener Koloß ist und alle Rechte auf ihn hat —
während Lorchen dem von Mitleid zerrissenen Professor
noch nie so winzig und spatzenhaft vorgekommen ist wie
jetzt, da sie sich hilflos, von Schluchzen gestoßen, an ihn
schmiegt und nicht weiß, wie ihrem armen Seelchen
geschieht. Sie weiß es nicht. Es ist ihr nicht deutlich,
daß sie um der dicken, ausgewachsenen, vollberechtigten
Plaichinger willen[2] leidet, die auf der Diele mit Max
Hergesell tanzen darf, während Lorchen es nur spaßes-
halber einmal durfte, nur im Scherz, obgleich sie die
unvergleichlich Lieblichere ist. Daraus aber dem jungen
Hergesell einen Vorwurf zu machen, ist durchaus unmöglich, da es eine wahnsinnige Zumutung an ihn ent-
halten würde. Lorchens Kummer ist recht- und heillos
und müßte sich also verbergen. Da er aber ohne Ver-

stand ist, ist er auch ohne Hemmung, und das erzeugt
eine große Peinlichkeit. Blau-Anna und Xaver machen
sich gar nichts aus dieser Peinlichkeit, zeigen sich un-
empfindlich für sie, sei es aus Dummheit, sei es aus
trockenem Natursinn. Aber des Professors Vaterherz
ist ganz zerrissen von ihr und von den beschämenden
Schrecken der recht- und heillosen Leidenschaft.[1]

Es hilft nichts, daß er dem armen Lorchen vorhält, wie
sie ja doch einen ausgezeichneten kleinen Bruder habe,
in der Person des heftig schlafenden Beißer nebenan. Sie
wirft nur durch ihre Tränen einen verächtlichen Schmer-
zensblick hinüber zum andern Bettchen und verlangt nach
Max. Es hilft auch nichts, daß er ihr für morgen einen
ausgedehnten Fünf-Herren-Spaziergang ums Eßzimmer
verspricht und ihr zu schildern versucht, in welcher
glänzenden Ausführlichkeit sie das Kissenspiel vor Tische
vollziehen wollen. Sie will von alldem nichts wissen,
auch nicht davon, sich niederzulegen und einzuschlafen.
Sie will nicht schlafen, sie will aufrecht sitzen und leiden.
. . . Aber da horchen beide, Abel und Lorchen, auf etwas
Wunderbares, was nun geschieht, was sich schrittweise,
in zwei Paar Schritten, dem Kinderzimmer nähert und
überwältigend in Erscheinung tritt . . .

Es ist Xavers Werk – sofort wird das klar. Xaver
Kleinsgütl ist nicht die ganze Zeit an der Tür gestanden,
wo er die ausgewiesenen Damen verhöhnte. Er hat sich
geregt, etwas unternommen und seine Anstalten getroffen.
Er ist auf die Diele hinuntergestiegen, hat Herrn Hergesell am Ärmel gezogen, ihm mit seinen dicken Lippen
etwas gesagt und eine Bitte an ihn gerichtet. Da sind sie
nun beide. Xaver bleibt wiederum an der Tür zurück,
nachdem er das Seine getan; aber Max Hergesell kommt
durch das Zimmer auf Lorchens Gitterbett zu, in seinem
Smoking, mit seinem kleinen dunklen Backenbart-Anflug
neben den Ohren und seinen hübschen schwarzen Augen
– kommt daher im sichtlichen Vollgefühl seiner Rolle als
Glückbringer, Märchenprinz und Schwanenritter,[2] wie

einer, der sagt: Nun denn, da bin ich, alle Not hat nun
restlos ein Ende!

Cornelius ist fast ebenso überwältigt wie Lorchen.

„Sieh einmal," sagt er schwach, „wer da kommt. Das
ist aber außerordentlich freundlich von Herrn Hergesell."

„Das ist gar nicht besonders freundlich von ihm!" sagt
Hergesell. „Das ist ganz selbstverständlich, daß er noch
mal nach seiner Tänzerin sieht und ihr gute Nacht sagt."

Und er tritt an das Gitter, hinter dem das verstummte
Lorchen sitzt. Sie lächelt selig durch ihre Tränen. Ein
kleiner, hoher Laut, ein halbes Seufzen des Glücks kommt
noch aus ihrem Mund, und dann blickt sie schweigend
zum Schwanenritter auf, mit ihren goldnen Augen, die,
obgleich nun verquollen und rot, so unvergleichlich viel
lieblicher sind als die der vollbeleibten Plaichinger. Sie
hebt nicht die Ärmchen, ihn zu umhalsen. Ihr Glück,
wie ihr Schmerz, ist ohne Verstand, aber sie tut das nicht.
Ihre schönen, kleinen Hände bleiben still auf der Decke,
während Max Hergesell sich mit den Armen auf das
Gitter stützt wie auf eine Balkonbrüstung.

„Damit sie nicht", sagt er, „auf ihrem Bette weinend
sitzt die kummervollen Nächte!"[1] Und er äugelt nach
dem Professor, um Beifall einzuheimsen für seine Bildung. „Ha, ha, ha, in den Jahren! ,Tröste dich, mein
schönes Kind!'[2] Du bist gut. Aus dir kann was werden.
Du brauchst bloß so zu bleiben. Ha, ha, ha, in den
Jahren! Wirst du nun schlafen und nicht mehr weinen,
Loreleyerl,[3] wo ich gekommen bin?"

Verklärt blickt Lorchen ihn an. Ihr Spatzenschulter-
chen ist bloß; der Professor zieht ihr die schmale Klöp-
pelborte darüber. Er muß an eine sentimentale Geschichte denken von dem sterbenden Kind, dem man
einen Clown bestellt, den es im Zirkus mit unauslösch-
lichem Entzücken gesehen. Er kam im Kostüm zu dem
Kind in dessen letzter Stunde, vorn und hinten mit
silbernen Schmetterlingen bestickt, und es starb in Seligkeit. Max Hergesell ist nicht bestickt, und Lorchen soll

gottlob nicht sterben, sondern es hat sie nur „recht heftik
erwischt"; aber sonst ist es wirklich eine verwandte
Geschichte, und die Empfindungen, die den Professor
gegen den jungen Hergesell beseelen, der da lehnt und
gar dämlich schwatzt – mehr für den Vater als für das
Kind, was Lorchen aber nicht merkt – sind ganz eigentümlich aus Dankbarkeit, Verlegenheit, Haß und Bewunderung zusammengequirlt.

„Gute Nacht, Loreleyerl!" sagt Hergesell und gibt ihr
über das Gitter die Hand. Ihr kleines, schönes, weißes
Händchen verschwindet in seiner großen, kräftigen, röt-
lichen. „Schlafe gut", sagt er. „Träume süß! Aber nicht
von mir! Um Gottes willen! In den Jahren. Ha, ha,
ha, ha!" Und er beendet seinen märchenhaften Clowns-
besuch, von Cornelius zur Tür geleitet. „Aber nichts zu
danken! Aber absolut kein Wort zu verlieren!" wehrt
er höflich-hochherzig ab, während sie zusammen dorthin
gehen; und Xaver schließt sich ihm an, um drunten den
italienischen Salat zu servieren.

Aber Doktor Cornelius kehrt zu Lorchen zurück, die
sich nun niedergelassen, die Wange auf ihr flaches kleines
Kopfkissen gelegt hat.

„Das war aber schön", sagt er, während er zart die
Decke über ihr ordnet, und sie nickt mit einem nach-
schluchzenden Atemzug. Wohl noch eine Viertelstunde
sitzt er am Gitter und sieht sie entschlummern, dem
Brüderchen nach, das den guten Weg schon soviel früher
gefunden. Ihr seidiges braunes Haar gewinnt den schönen, geringelten Fall, den es im Schlafe zu zeigen pflegt;
tief liegen die langen Wimpern über den Augen, aus
denen sich soviel Leid ergossen; der engelhafte Mund mit
der gewölbten, geschwungenen Oberlippe steht in süßer
Befriedigung offen, und nur noch manchmal zittert in
ihrem langsamen Atem ein verspätetes Schluchzen nach.

Und ihre Händchen, die weiß-rosig blütenhaften Händchen, wie sie da ruhen, das eine auf dem Blau der Stepp-
decke, das andere vor ihrem Gesicht auf dem Kissen!

Doktor Cornelius' Herz füllt sich mit Zärtlichkeit wie mit Wein.

Welch ein Glück, denkt er, daß Lethe mit jedem Atemzug dieses Schlummers in ihre kleine Seele strömt; daß so eine Kindernacht zwischen Tag und Tag einen tiefen und breiten Abgrund bildet! Morgen, das ist gewiß, wird der junge Hergesell nur noch ein blasser Schatten sein, unkräftig, ihrem Herzen irgendwelche Verstörung zuzufügen, und in gedächtnisloser Lust wird sie mit Abel und Beißer dem Fünf-Herren-Spaziergang, dem spannenden Kissenspiel obliegen.

Dem Himmel sei Dank dafür!

MARIO UND DER ZAUBERER

DIE Erinnerung an Torre di Venere[1] ist atmosphärisch
unangenehm. Ärger, Gereiztheit, Überspannung lagen
von Anfang an in der Luft, und zum Schluß kam dann der
Choc mit diesem schrecklichen Cipolla,[2] in dessen Person
sich das eigentümlich Bösartige der Stimmung auf ver-
hängnishafte und übrigens menschlich sehr eindrucksvolle
Weise zu verkörpern und bedrohlich zusammenzudrängen
schien. Daß bei dem Ende mit Schrecken (einem, wie
uns nachträglich schien, vorgezeichneten und im Wesen
der Dinge liegenden Ende) auch noch die Kinder[3] an-
wesend sein mußten, war eine traurige und auf Mißverständnis beruhende Ungehörigkeit für sich, verschuldet
durch die falschen Vorspiegelungen des merkwürdigen
Mannes. Gottlob haben sie nicht verstanden, wo das
Spektakel aufhörte und die Katastrophe begann, und man
hat sie in dem glücklichen Wahn gelassen, daß alles
Theater gewesen sei.

Torre liegt etwa fünfzehn Kilometer von Portoclemente,[4] einer der beliebtesten Sommerfrischen am Tyr-
rhenischen Meer, städtisch-elegant und monatelang
überfüllt, mit bunter Hotel- und Basarstraße am Meere
hin, breitem, von Capannen,[5] bewimpelten Burgen[6] und
brauner Menschheit bedecktem Strande und einem ge-
räuschvollen Unterhaltungsbetrieb. Da der Strand, begleitet von Piniengehölz, auf das aus geringer Entfernung die
Berge herniederblicken, diese ganze Küste entlang seine
wohnlich-feinsandige Geräumigkeit behält, ist es kein
Wunder, daß etwas weiterhin stillere Konkurrenz sich
schon zeitig aufgetan hat: Torre di Venere, wo man sich
übrigens nach dem Turm, dem es seinen Namen verdankt, längst vergebens umsieht, ist als Fremdenort ein
Ableger des benachbarten Großbades und war während
einiger Jahre ein Idyll für wenige, Zuflucht für Freunde
des unverweltlichten Elementes.[7] Wie es aber mit sol-

49

chen Plätzen zu gehen pflegt, so hat sich der Friede längst
eine Strecke weiter begeben müssen, der Küste entlang,
nach Marina Petriera[1] und Gott weiß wohin; die Welt,
man kennt das, sucht ihn und vertreibt ihn, indem sie sich
in lächerlicher Sehnsucht auf ihn stürzt, wähnend, sie
könne sich mit ihm vermählen, und wo sie ist, da könne
er sein; ja, wenn sie an seiner Stelle schon ihren Jahr-
markt aufgeschlagen hat, ist sie imstande zu glauben, er sei
noch da. So ist Torre, wenn auch immer noch beschau-
licher und bescheidener als Portoclemente, bei Italienern
und Fremden stark in Aufnahme gekommen. Man geht
nicht mehr in das Weltbad, wenn auch nur in dem Maße
nicht mehr, daß dieses trotzdem ein lärmend ausverkauf-
tes Weltbad bleibt; man geht nebenan, nach Torre, es
st sogar feiner, es ist außerdem billiger, und die Anziehungskraft dieser Eigenschaften fährt fort, sich zu be-
währen, während die Eigenschaften selbst schon nicht
mehr bestehen. Torre hat ein Grand Hôtel bekommen;
zahlreiche Pensionen, anspruchsvolle und schlichtere,
sind erstanden, die Besitzer und Mieter der Sommer-
häuser und Pineta-Gärten[2] oberhalb des Meeres sind am
Strande keineswegs mehr ungestört; im Juli, August
unterscheidet das Bild sich dort in nichts mehr von dem
in Portoclemente: es wimmelt von zeterndem, zanken-
dem, jauchzendem Badevolk, dem eine wie toll herab-
brennende Sonne die Haut von den Nacken schält; flach-
bodige, grell bemalte Boote, von Kindern bemannt, deren
tönende Vornamen, ausgestoßen von Ausschau haltenden
Müttern, in heiserer Besorgnis die Lüfte erfüllen, schau-
keln auf der blitzenden Bläue, und über die Gliedmaßen
der Lagernden tretend bieten die Verkäufer von Austern,
Getränken, Blumen, Korallenschmuck und Cornetti al
burro,[3] auch sie mit der belegten und offenen Stimme des
Südens, ihre Ware an.

So sah es am Strande von Torre aus, als wir kamen –
hübsch genug, aber wir fanden dennoch, wir seien zu
früh gekommen. Es war Mitte August, die italienische

Saison stand noch in vollem Flor[1]; das ist für Fremde der
rechte Augenblick nicht, die Reize des Ortes schätzen zu
lernen. Welch ein Gedränge nachmittags in den Garten-
Cafés der Strandpromenade, zum Beispiel im „Esquisito",
wo wir zuweilen saßen, und wo Mario uns bediente, derselbe Mario, von dem ich dann gleich erzählen werde!
Man findet kaum einen Tisch, und die Musikkapellen,
ohne daß eine von der anderen wissen wollte, fallen
einander wirr ins Wort.[2] Gerade nachmittags gibt es
übrigens täglich Zuzug aus Portoclemente; denn natürlich ist Torre ein beliebtes Ausflugsziel für die unruhige
Gästeschaft jenes Lustplatzes, und dank den hin und her
sausenden Fiat-Wagen[3] ist das Lorbeer- und Oleanderge-
büsch am Saum der verbindenden Landstraße von weißem
Staube zolldick verschneit – ein merkwürdiger, aber
abstoßender Anblick.

Ernstlich, man soll im September nach Torre di Venere
gehen, wenn das Bad sich vom großen Publikum entleert
hat, oder im Mai, bevor die Wärme des Meeres den Grad
erreicht hat, der den Südländer dafür gewinnt, hineinzu-
tauchen. Auch in der Vor- und Nachsaison ist es nicht
leer dort, aber gedämpfter geht es dann zu und weniger
national. Das Englische, Deutsche, Französische herrscht
vor unter den Schattentüchern[4] der Capannen und in den
Speisesälen der Pensionen, während der Fremde noch im
August wenigstens das Grand Hôtel, wo wir mangels persönlicher Adressen Zimmer belegt hatten, so sehr in den
Händen der florentinischen und römischen Gesellschaft
findet, daß er sich isoliert und augenblicksweise wie ein
Gast zweiten Ranges vorkommen mag.

Diese Erfahrung machten wir mit etwas Verdruß am
Abend unserer Ankunft, als wir uns zum Diner im Speisesaal einfanden und uns von dem zuständigen Kellner einen
Tisch anweisen ließen. Es war gegen diesen Tisch nichts
einzuwenden, aber uns fesselte das Bild der anstoßenden,
auf das Meer gehenden Glasveranda, die so stark wie der
Saal, aber nicht restlos besetzt war, und auf deren Tisch-

chen rotbeschirmte Lampen glühten. Die Kleinen zeigten
sich entzückt von dieser Festlichkeit, und wir bekundeten
einfach den Entschluß, unsere Mahlzeiten lieber in der
Veranda einzunehmen – eine Äußerung der Unwissenheit, wie sich zeigte, denn uns wurde mit etwas verlegener Höflichkeit bedeutet, daß jener anheimelnde
Aufenthalt „unserer Kundschaft", „ai nostri clienti", vor-
behalten sei. Unseren Klienten? Aber das waren wir.
Wir waren keine Passanten und Eintagsfliegen, sondern
für drei oder vier Wochen Hauszugehörige, Pensionäre.
Wir unterließen es übrigens, auf der Klarstellung des
Unterschiedes zwischen unsersgleichen und jener Klien-
tele, die bei rotglühenden Lämpchen speisen durfte, zu
bestehen und nahmen das Pranzo[1] an unserm allgemein
und sachlich beleuchteten Saaltische – eine recht mittel-
mäßige Mahlzeit, charakterloses und wenig schmackhaftes
Hotelschema; wir haben die Küche dann in der Pensione
Eleonora, zehn Schritte landeinwärts, viel besser gefunden.

Dorthin nämlich siedelten wir schon über, bevor wir
im Grand Hôtel nur erst warm geworden, nach drei oder
vier Tagen, – nicht der Veranda und ihrer Lämpchen
wegen: die Kinder, sofort befreundet mit Kellnern und
Pagen, von Meereslust ergriffen, hatten sich jene farbige
Lockung sehr bald aus dem Sinn geschlagen. Aber mit
gewissen Verandaklienten,[2] oder richtiger wohl nur mit
der Hotelleitung, die vor ihnen liebedienerte, ergab sich
sogleich einer dieser Konflikte, die einem Aufenthalt von
Anfang an den Stempel des Unbehaglichen aufdrücken
können. Römischer Hochadel befand sich darunter, ein
Principe X. mit Familie, und da die Zimmer dieser Herrschaften in Nachbarschaft der unsrigen lagen, war die
Fürstin, große Dame und leidenschaftliche Mutter zugleich, in Schrecken versetzt worden durch die Restspuren
eines Keuchhustens, den unsere Kleinen kurz zuvor gemeinsam überstanden hatten, und von dem schwache
Nachklänge zuweilen noch nachts den sonst unerschütter-

lichen Schlaf des Jüngsten unterbrachen. Das Wesen dieser Krankheit ist wenig geklärt, dem Aberglauben hier mancher Spielraum gelassen, und so haben wir es unserer eleganten Nachbarin nie verargt, daß sie der weitverbreiteten Meinung anhing, der Keuchhusten sei akustisch ansteckend, und einfach für ihre Kleinen das schlechte Beispiel fürchtete. Im weiblichen Vollgefühl ihres Ansehens wurde sie vorstellig bei der Direktion, und diese, in der Person des bekannten Gehrockmanagers,[1] beeilte sich, uns mit vielem Bedauern zu bedeuten, unter diesen Verhältnissen sei unsere Umquartierung in den Nebenbau des Hotels eine unumgängliche Notwendigkeit. Wir hatten gut beteuern, die Kinderkrankheit befinde sich im Stadium letzten Abklingens, sie habe als überwunden zu gelten und stelle keinerlei Gefahr für die Umgebung mehr dar. Alles, was uns zugestanden wurde, war, daß der Fall vor das medizinische Forum gebracht und der Arzt des Hauses – nur dieser, nicht etwa ein von uns bestellter – zur Entscheidung berufen werden möge. Wir willigten in dieses Abkommen, überzeugt, so sei zugleich die Fürstin zu beruhigen und für uns die Unbequemlichkeit eines Umzuges zu vermeiden. Der Doktor kommt[2] und erweist sich als ein loyaler und aufrechter Diener der Wissenschaft. Er untersucht den Kleinen, erklärt das Übel für abgelaufen und verneint jede Bedenklichkeit. Schon glauben wir uns berechtigt, den Zwischenfall für beigelegt zu halten: da erklärt der Manager, daß wir die Zimmer räumten und in der Dependance Wohnung nähmen, bleibe auch nach den Feststellungen des Arztes geboten.

Dieser Byzantinismus empörte uns. Es ist unwahrscheinlich, daß die wortbrüchige Hartnäckigkeit, auf die wir stießen, diejenige der Fürstin war. Der servile Gastwirt hatte wohl nicht einmal gewagt, ihr von dem Votum des Doktors Mitteilung zu machen. Jedenfalls verständigten wir ihn dahin, wir zögen es vor, das Hotel überhaupt und sofort zu verlassen – und packten. Wir konnten

es leichten Herzens tun, denn schon mittlerweile hatten
wir zur Pensione Eleonora, deren freundlich privates
Äußere uns gleich in die Augen gestochen hatte, im
Vorübergehen Beziehungen angeknüpft und in der Person
ihrer Besitzerin, Signora Angiolieri, eine sehr sympathi-
sche Bekanntschaft gemacht. Frau Angiolieri, eine zier-
liche, schwarzäugige Dame, toskanischen Typs, wohl
anfangs der Dreißiger, mit dem matten Elfenbeinteint
der Südländerinnen, und ihr Gatte, ein sorgfältig gekleideter, stiller und kahler Mann, besaßen in Florenz ein
größeres Fremdenheim und standen nur im Sommer und
frühen Herbst der Filiale in Torre di Venere vor. Früher
aber, vor ihrer Verheiratung, war unsere neue Wirtin Ge-
sellschafterin, Reisebegleiterin, Garderobiere, ja Freun-
din der Duse[1] gewesen, eine Epoche, die sie offenbar als
die große, die glückliche ihres Lebens betrachtete, und
von der sie bei unserem ersten Besuch sogleich mit Lebhaftigkeit zu erzählen begann. Zahlreiche Photographien
der großen Schauspielerin, mit herzlichen Widmungen
versehen, auch weitere Andenken an das Zusammenleben
von einst schmückten die Tischchen und Etageren von
Frau Angiolieris Salon, und obgleich auf der Hand lag,
daß der Kult ihrer interessanten Vergangenheit ein wenig
auch die Anziehungskraft ihres gegenwärtigen Unter-
nehmens erhöhen wollte, hörten wir doch, während wir
durchs Haus geführt wurden, mit Vergnügen und Anteil
ihren in stakkiertem[2] und klingendem Toskanisch vor-
getragenen Erzählungen von der leidenden Güte, dem
Herzensgenie und dem tiefen Zartsinn ihrer verewigten
Herrin zu.

Dorthin also ließen wir unsere Sachen bringen, zum
Leidwesen des nach gut italienischer Art sehr kinder-
lieben Personals vom Grand Hôtel; die uns eingeräumte
Wohnung war geschlossen und angenehm, der Kontakt
mit dem Meere bequem, vermittelt durch eine Allee
junger Platanen, die auf die Strandpromenade stieß, der
Speisesaal, wo Madame Angiolieri jeden Mittag eigen-

händig die Suppe auffüllte, kühl und reinlich, die Be-
dienung aufmerksam und gefällig, die Beköstigung vor-
trefflich, sogar Wiener Bekannte fanden sich vor, mit
denen man nach dem Diner vorm Hause plauderte, und
die weitere Bekanntschaften vermittelten, und so hätte
alles gut sein können – wir waren unseres Tausches vollkommen froh, und nichts fehlte eigentlich zu einem
zufriedenstellenden Aufenthalt.

Dennoch wollte kein rechtes Behagen aufkommen.
Vielleicht ging der törichte Anlaß unseres Quartierwech-
sels uns gleichwohl nach,[1] – ich persönlich gestehe, daß
ich schwer über solche Zusammenstöße mit dem land-
läufig Menschlichen, dem naiven Mißbrauch der Macht,
der Ungerechtigkeit, der kriecherischen Korruption hin-
wegkomme. Sie beschäftigten mich zu lange, stürzten
mich in ein irritiertes Nachdenken, das seine Fruchtlosig-
keit der übergroßen Selbstverständlichkeit und Natür-
lichkeit dieser Erscheinungen verdankt. Dabei fühlten
wir uns mit dem Grand Hôtel nicht einmal überworfen.
Die Kinder unterhielten ihre Freundschaften dort nach
wie vor, der Hausdiener besserte ihnen ihr Spielzeug aus,
und dann und wann tranken wir unseren Tee in dem
Garten des Etablissements, nicht ohne der Fürstin an-
sichtig zu werden, welche, die Lippen korallenrot aufgehöht,[2] mit zierlich festen Tritten erschien, um sich
nach ihren von einer Engländerin betreuten Lieblingen
umzusehen, und sich dabei unserer bedenklichen Nähe
nicht vermutend war,[3] denn streng wurde unserem Kleinen, sobald sie sich zeigte, untersagt, sich auch nur zu
räuspern.

Die Hitze war unmäßig, soll ich das anführen? Sie war
afrikanisch: die Schreckensherrschaft der Sonne, sobald
man sich vom Saum der indigoblauen Frische löste, von
einer Unerbittlichkeit, die die wenigen Schritte vom
Strande zum Mittagstisch, selbst im bloßen Pyjama, zu
einem im voraus beseufzten Unternehmen machte. Mögen
Sie das? Mögen Sie es wochenlang? Gewiß, es ist der

Süden, es ist klassisches Wetter, das Klima erblühender Menschheitskultur, die Sonne Homers[1] und so weiter. Aber nach einer Weile, ich kann mir nicht helfen, werde ich leicht dahin gebracht, es stumpfsinnig zu finden. Die glühende Leere des Himmels Tag für Tag fällt mir bald zur Last, die Grellheit der Farben, die ungeheure Naivität und Ungebrochenheit des Lichts erregt wohl festliche Gefühle, sie gewährt Sorglosigkeit und sichere Unabhängigkeit von Wetterlaunen und -rückschlägen; aber ohne daß man sich anfangs Rechenschaft davon gäbe, läßt sie tiefere, uneinfachere Bedürfnisse der nordischen Seele auf verödende Weise unbefriedigt und flößt auf die Dauer etwas wie Verachtung[2] ein. Sie haben recht,[3] ohne das dumme Geschichtchen mit dem Keuchhusten hätte ich es wohl nicht so empfunden; ich war gereizt, ich wollte es vielleicht empfinden und griff halb unbewußt ein bereitliegendes geistiges Motiv auf, um die Empfindung damit wenn nicht zu erzeugen, so doch zu legitimieren und zu verstärken. Aber rechnen Sie hier mit unserem bösen Willen, — was das Meer betrifft, den Vormittag im feinen Sande, verbracht vor seiner ewigen Herrlichkeit, so kann unmöglich dergleichen in Frage kommen, und doch war es so, daß wir uns, gegen alle Erfahrung, auch am Strande nicht wohl, nicht glücklich fühlten.

Zu früh, zu früh, er war, wie gesagt, noch in den Händen der inländischen Mittelklasse, — eines augenfällig erfreulichen Menschenschlages, auch da haben Sie recht, man sah unter der Jugend viel Wohlschaffenheit[4] und gesunde Anmut, war aber unvermeidlich doch auch umringt von menschlicher Mediokrität und bürgerlichem Kroppzeug, das, geben Sie es zu, von dieser Zone geprägt nicht reizender ist als unter unserem Himmel. *Stimmen* haben diese Frauen — ! Es wird zuweilen recht unwahrscheinlich, daß man sich in der Heimat der abendländischen Gesangskunst befindet. „Fuggièro!" Ich habe den Ruf noch heute im Ohr, da ich ihn zwanzig Vormittage lang hundertmal dicht neben mir erschallen hörte, in heiserer Ungedecktheit,[1] gräßlich akzentuiert, mit grell offenem è, hervorgestoßen von einer Art mechanisch gewordener Verzweiflung. „Fuggièro! Rispondi al mèno[2]!" Wobei das sp populärerweise nach deutscher Art wie schp gesprochen wurde – ein Ärgernis für sich, wenn sowieso üble Laune herrscht. Der Schrei galt einem abscheulichen Jungen mit ekelerregender Sonnenbrandwunde zwischen den Schultern, der an Widerspenstigkeit, Unart und Bosheit das Äußerste zum besten gab, was mir vorgekommen, und außerdem ein großer Feigling war, imstande, durch seine empörende Wehleidigkeit den ganzen Strand in Aufruhr zu bringen. Eines Tages nämlich hatte ihn im Wasser ein Taschenkrebs in die Zehe gezwickt, und das antikische Heldenjammergeschrei,[3] das er ob dieser winzigen Unannehmlichkeit erhob, war markerschütternd und rief den Eindruck eines schrecklichen Unglücksfalls hervor. Offenbar glaubte er sich aufs giftigste verletzt. Ans Land gekrochen, wälzte er sich in scheinbar unerträglichen Qualen umher, brüllte Ohi! und Oimè! und wehrte, mit Armen und Beinen um sich stoßend, die tragischen Beschwörungen seiner Mutter, den Zuspruch Fernerstehender ab. Die Szene hatte Zulauf von allen Seiten. Ein Arzt wurde herbeigeholt, es war derselbe, der unseren Keuchhusten so nüchtern beurteilt hatte, und wieder bewährte sich sein wissenschaftlicher Geradsinn. Gutmütig tröstend erklärte er den Fall für null und nichtig und empfahl einfach des Patienten Rückkehr ins Bad, zur Kühlung der kleinen Kniffwunde. Statt dessen aber wurde Fuggièro, wie ein Abgestürzter oder Ertrunkener, auf einer improvisierten Bahre mit großem Gefolge vom Strande getragen, – um schon am nächsten Morgen wieder, unter dem Scheine der Unabsichtlichkeit, anderen Kindern die Sandbauten zu zerstören. Mit einem Worte, ein Greuel.

Dabei gehörte dieser Zwölfjährige zu den Hauptträgern

einer öffentlichen Stimmung, die, schwer greifbar in der
Luft liegend, uns einen so lieben Aufenthalt als nicht
geheuer verleiden wollte. Auf irgendeine Weise fehlte
es der Atmosphäre an Unschuld, an Zwanglosigkeit; dies
Publikum „hielt auf sich" – man wußte zunächst nicht
recht, in welchem Sinn und Geist, es prästierte[1] Würde,
stellte voreinander und vor dem Fremden Ernst und Haltung, wach aufgerichtete Ehrliebe zur Schau –, wieso?
Man verstand bald, daß Politisches umging, die Idee der
Nation im Spiele war. Tatsächlich wimmelte es am
Strande von patriotischen Kindern, – eine unnatürliche
und niederschlagende Erscheinung. Kinder bilden ja eine
Menschenspezies und Gesellschaft für sich, sozusagen eine
eigene Nation; leicht und notwendig finden sie sich, auch
wenn ihr kleiner Wortschatz verschiedenen Sprachen
angehört, auf Grund gemeinsamer Lebensform in der
Welt zusammen. Auch die unsrigen spielten bald mit
einheimischen sowohl wie solchen wieder anderer Herkunft. Offenbar aber erlitten sie rätselhafte Enttäuschun-
gen. Es gab Empfindlichkeiten, Äußerungen eines Selbst-
gefühls, das zu heikel und lehrhaft schien, um seinen
Namen ganz zu verdienen, einen Flaggenzwist, Streitfra-
gen des Ansehens und Vorranges; Erwachsene mischten
sich weniger schlichtend als entscheidend und Grund-
sätze wahrend ein, Redensarten von der Größe und Würde
Italiens fielen, unheiter-spielverderberische Redensarten;
wir sahen unsere beiden betroffen und ratlos sich zurück-
ziehen und hatten Mühe, ihnen die Sachlage einigermaßen
verständlich zu machen: Diese Leute, erklärten wir
ihnen, machten soeben etwas durch, so einen Zustand,
etwas wie eine Krankheit, wenn sie wollten, nicht sehr
angenehm, aber wohl notwendig.

Es war unsere Schuld, wir hatten es unserer Lässigkeit
zuzuschreiben, daß es zu einem Konflikt mit diesem von
uns doch erkannten und gewürdigten Zustande kam, –
noch einem Konflikt; es schien, daß die vorausgegangenen
nicht ganz ungemischte Zufallserzeugnisse gewesen waren.

Mit einem Worte, wir verletzten die öffentliche Moral. Unser Töchterchen, achtjährig, aber nach ihrer körperlichen Entwicklung ein gutes Jahr jünger zu schätzen und mager wie ein Spatz, die nach längerem Bad, wie es die Wärme erlaubte, ihr Spiel an Land im nassen Kostüm wieder aufgenommen hatte, erhielt Erlaubnis, den von anklebendem Sande starrenden Anzug noch einmal im Meere zu spülen, um ihn dann wieder anzulegen und vor neuer Verunreinigung zu schützen. Nackt läuft sie zum wenige Meter entfernten Wasser, schwenkt ihr Trikot und kehrt zurück. Hätten wir die Welle von Hohn, Anstoß, Widerspruch voraussehen müssen, die ihr Benehmen, unser Benehmen also, erregte? Ich halte Ihnen keinen Vortrag, aber in der ganzen Welt hat das Verhalten zum Körper und seiner Nacktheit sich während der letzten Jahrzehnte grundsätzlich und das Gefühl bestimmend gewandelt. Es gibt Dinge, bei denen man sich „nichts mehr denkt", und zu ihnen gehörte die Freiheit, die wir diesem so gar nicht herausfordernden Kinderleibe gewährt hatten. Sie wurde jedoch hierorts als Herausforderung empfunden. Die patriotischen Kinder johlten. Fuggièro pfiff auf den Fingern. Erregtes Gespräch unter Erwachsenen in unserer Nähe wurde laut und verhieß nichts Gutes. Ein Herr in städtischem Schniepel,[1] den wenig strandgerechten Melonenhut[2] im Nacken, versichert seinen entrüsteten Damen, er sei zu korrigierenden Schritten entschlossen; er tritt vor uns hin, und eine Philippika[3] geht auf uns nieder, in der alles Pathos des sinnenfreudigen Südens sich in den Dienst spröder Zucht und Sitte gestellt findet. Die Schamwidrigkeit, die wir uns hätten zuschulden kommen lassen, hieß es, sei um so verurteilenswerter, als sie einem dankvergessenen und beleidigenden Mißbrauch der Gastfreundschaft Italiens gleichkomme. Nicht allein Buchstabe und Geist der öffentlichen Badevorschriften, sondern zugleich auch die Ehre seines Landes seien freventlich verletzt, und in Wahrung dieser Ehre werde er, der Herr im Schniepel, Sorge tragen, daß

unser Verstoß gegen die nationale Würde nicht unge-
ahndet bleibe.

Wir taten unser Bestes, diese Suade[1] mit nachdenk-
lichem Kopfnicken anzuhören. Dem erhitzten Menschen
widersprechen hätte zweifellos geheißen, von einem Fehler in den anderen fallen. Wir hatten dies und das auf
der Zunge, zum Beispiel, daß nicht alle Umstände zu-
sammenträfen, um das Wort Gastfreundschaft nach seiner
reinsten Bedeutung ganz am Platze erscheinen zu lassen,
und daß wir, ohne Euphemismus gesprochen, nicht sowohl die Gäste Italiens, sondern der Signora Angiolieri
seien, welche eben seit einigen Jahren den Beruf einer
Vertrauten der Duse gegen den der Gastlichkeit einge-
tauscht habe. Auch hatten wir Lust, zu antworten, wie
wir nicht wüßten, daß die moralische Verwahrlosung in
diesem schönen Lande je einen solchen Grad erreicht
gehabt habe, daß ein solcher Rückschlag von Prüderie
und Überempfindlichkeit begreiflich und notwendig erscheinen könne. Aber wir beschränkten uns darauf, zu
versichern, daß jede Provokation und Respektlosigkeit
uns ferngelegen habe, und entschuldigend auf das zarte
Alter, die leibliche Unbeträchtlichkeit der kleinen De-
linquentin hinzuweisen. Umsonst. Unsere Beteuerungen
wurden als unglaubhaft, unsere Verteidigung als hinfällig
zurückgewiesen und die Errichtung eines Exempels als
notwendig behauptet. Telephonisch, wie ich glaube,
wurde die Behörde benachrichtigt, ihr Vertreter erschien
am Strande, er nannte den Fall sehr ernst, molto grave,
und wir hatten ihm hinauf zum „Platze" ins Municipio[2]
zu folgen, wo ein höherer Beamter das vorläufige Urteil
„molto grave" bestätigte, sich in genau denselben, offenbar landläufigen didaktischen Redewendungen über unsere Tat erging wie der Herr im steifen Hut und uns ein
Sühne- und Lösegeld von fünfzig Lire auferlegte. Wir
fanden, diesen Beitrag zum italienischen Staatshaushalt
müsse das Abenteuer uns wert sein, zahlten und gingen.
Hätten wir nicht abreisen sollen?

Hätten wir es nur getan! Wir hätten dann diesen fatalen Cipolla vermieden; allein mehreres kam zusammen, den Entschluß zu einem Ortswechsel hintanzuhalten. Ein Dichter hat gesagt, es sei Trägheit, was uns in peinlichen Zuständen festhalte – man könnte das Aperçu zur Erklärung unserer Beharrlichkeit heranziehen. Auch räumt man nach solchem Vorkommnis nicht gern unmittelbar das Feld; man zögert, zuzugeben, daß man sich unmöglich gemacht habe, besonders wenn Sympathiekundgebungen von außen den Trotz ermutigen. In der Villa Eleonora gab es nur eine Stimme über die Ungerechtigkeit unseres Schicksals. Italienische Nach-Tisch-Bekannte wollten finden, es sei dem Rufe des Landes keineswegs zuträglich, und äußerten den Vorsatz, den Herrn im Schniepel landsmannschaftlich[1] zur Rede zu stellen. Aber dieser selbst war vom Strande verschwunden, nebst seiner Gruppe, schon am nächsten Tag – nicht unseretwegen natürlich, aber es mag sein, daß das Bewußtsein seiner dicht bevorstehenden Abreise seiner Tatkraft zuträglich gewesen war, und jedenfalls erleichterte uns seine Entfernung. Um alles zu sagen: Wir blieben auch deshalb, weil der Aufenthalt uns merkwürdig geworden war, und weil Merkwürdigkeit ja in sich selbst einen Wert bedeutet, unabhängig von Behagen und Unbehagen. Soll man die Segel streichen und dem Erlebnis ausweichen, sobald es nicht vollkommen danach angetan ist, Heiterkeit und Vertrauen zu erzeugen? Soll man „abreisen", wenn das Leben sich ein bißchen unheimlich, nicht ganz geheuer oder etwas peinlich und kränkend anläßt? Nein doch, man soll bleiben, soll sich das ansehen und sich dem aussetzen, gerade dabei gibt es vielleicht etwas zu lernen. Wir blieben also und erlebten als schrecklichen Lohn unserer Standhaftigkeit die eindrucksvoll-unselige Erscheinung Cipollas.

Daß fast in dem Augenblick unserer staatlichen Maßregelung die Nachsaison einsetzte, habe ich nicht erwähnt. Jener Gestrenge[2] im steifen Hut, unser Angeber,

war nicht der einzige Gast, der das Bad jetzt verließ; es
gab große Abreise, man sah viele Handkarren mit Gepäck
sich zur Station bewegen. Der Strand entnationalisierte
sich, das Leben in Torre, in den Cafés, auf den Wegen der
Pineta wurde sowohl intimer wie europäischer; wahrscheinlich hätten wir jetzt sogar in der Glasveranda des
Grand Hôtel speisen können, aber wir nahmen Abstand
davon, wir befanden uns am Tische der Signora Angiolieri
vollkommen wohl, – das Wort Wohlbefinden in der
Abschattung zu verstehen, die der Ortsdämon[1] ihm zuteil
werden ließ. Gleichzeitig aber mit dieser als wohltätig
empfundenen Veränderung schlug auch das Wetter um,
es zeigte sich fast auf die Stunde im Einvernehmen mit
dem Ferienkalender des großen Publikums. Der Himmel
bedeckte sich, nicht daß es frischer geworden wäre, aber
die offene Glut, die achtzehn Tage seit unserer Ankunft
(und vorher wohl lange schon) geherrscht hatte, wich
einer stickigen Sciroccoschwüle,[2] und ein schwächlicher
Regen netzte von Zeit zu Zeit den samtenen Schauplatz
unserer Vormittage. Auch das; zwei Drittel unserer für
Torre vorgesehenen Zeit waren ohnehin abgelebt; das
schlaffe, entfärbte Meer, in dessen Flachheit träge Quallen
trieben, war immerhin eine Neuigkeit; es wäre albern
gewesen, nach einer Sonne zurückzuverlangen, der, als
sie übermütig waltete, so mancher Seufzer gegolten hatte.

Zu diesem Zeitpunkt also zeigte Cipolla sich an. Cavaliere[3] Cipolla, wie er auf den Plakaten genannt war, die
eines Tages überall, auch im Speisesaal der Pensione
Eleonora, sich angeschlagen fanden, – ein fahrender Vir-
tuose, ein Unterhaltungskünstler, Forzatore,[4] Illusionista
und Prestigiatore (so bezeichnete er sich), welcher dem
hochansehnlichen Publikum von Torre di Venere mit
einigen außerordentlichen Phänomenen geheimnisvoller
und verblüffender Art aufzuwarten beabsichtigte. Ein
Zauberkünstler! Die Ankündigung genügte, unseren
Kleinen den Kopf zu verdrehen. Sie hatten noch nie
einer solchen Darbietung beigewohnt, diese Ferienreise

sollte ihnen die unbekannte Aufregung bescheren. Von Stund an lagen sie uns in den Ohren, für den Abend des Taschenspielers Eintrittskarten zu nehmen, und obgleich uns die späte Anfangsstunde der Veranstaltung, neun Uhr, von vornherein Bedenken machte, gaben wir in der Erwägung nach, daß wir ja nach einiger Kenntnisnahme von Cipollas wahrscheinlich bescheidenen Künsten nach Hause gehen, daß auch die Kinder am folgenden Morgen ausschlafen könnten, und erstanden von Signora Angiolieri selbst, die eine Anzahl von Vorzugsplätzen für ihre Gäste in Kommission hatte, unsere vier Karten. Sie konnte für solide Leistungen des Mannes nicht gutsagen, und wir versahen uns solcher kaum; aber ein gewisses Zerstreuungsbedürfnis empfanden wir selbst, und die dringende Neugier der Kinder bewährte eine Art von Ansteckungskraft.

Das Lokal, in dem der Cavaliere sich vorstellen sollte, war ein Saalbau, der während der Hochsaison zu wöchentlich wechselnden Cinemavorführungen gedient hatte. Wir waren nie dort gewesen. Man gelangte dahin, indem man, vorbei am „Palazzo", einem übrigens verkäuflichen kastellartigen Gemäuer aus herrschaftlichen Zeiten, die Hauptstraße des Ortes verfolgte, an dem auch die Apotheke, der Coiffeur, die gebräuchlichsten Einkaufsläden zu finden waren, und die gleichsam vom Feudalen über das Bürgerliche ins Volkstümliche führte; denn sie lief zwischen ärmlichen Fischerwohnungen aus, vor deren Türen alte Weiber Netze flickten, und hier, schon im Populären, lag die „Sala",[1] nichts Besseres eigentlich als eine allerdings geräumige Bretterbude, deren torähnlicher Eingang zu beiden Seiten mit buntfarbigen und übereinandergeklebten Plakaten geschmückt war. Einige Zeit nach dem Diner also, am angesetzten Tage, pilgerten wir im Dunkeln dorthin, die Kinder in festlichem Kleidchen und Anzug, beglückt von so viel Ausnahme. Es war schwül wie seit Tagen, es wetterleuchtete manchmal und regnete etwas. Wir

gingen unter Schirmen. Es war eine Viertelstunde Weges.
Im Durchgange kontrolliert, hatten wir unsere Plätze
selbst aufzusuchen. Sie fanden sich in der dritten Bank
links, und indem wir uns niederließen, mußten wir bemerken, daß man die ohnedies bedenkliche Anfangsstunde auch noch lax behandelte: nur sehr allmählich
begann ein Publikum, das es darauf ankommen zu lassen
schien, zu spät zu kommen, das Parterre zu besetzen, auf
welches, da keine Logen vorhanden waren, der Zuschauerraum sich beschränkte. Diese Säumigkeit machte uns
etwas besorgt. Den Kindern färbte schon jetzt eine mit
Erwartung hektisch gemischte Müdigkeit die Wangen.
Einzig die Stehplätze in den Seitengängen und im Hintergrunde waren bei unserer Ankunft schon komplett. Es
stand da, halbnackte Arme auf gestreifter Trikotbrust ver-
schränkt, allerlei autochthone[1] Männlichkeit von Torre
di Venere, Fischervolk, unternehmend blickende junge
Burschen; und wenn wir mit der Anwesenheit dieser
eingesessenen Volkstümlichkeit,[2] die solchen Veranstal-
tungen erst Farbe und Humor verleiht, sehr einverstanden
waren, so zeigten die Kinder sich entzückt davon. Denn
sie hatten Freunde unter diesen Leuten, Bekanntschaften,
die sie auf nachmittäglichen Spaziergängen am entfern-
teren Strande gemacht. Oft, um die Stunde, wenn die
Sonne, müde ihrer gewaltigen Arbeit, ins Meer sank und
den vordringenden Schaum der Brandung rötlich ver-
goldete, waren wir heimkehrend auf bloßbeinige Fischer-
gruppen gestoßen, die in Reihen stemmend und ziehend,
unter gedehnten Rufen ihre Netze eingeholt, ihren meist
dürftigen Fang an Frutti di mare[3] in triefende Körbe
geklaubt hatten; und die Kleinen hatten ihnen zugesehen,
ihre italienischen Brocken[4] an den Mann gebracht, beim
Strickziehen geholfen, Kameradschaft geschlossen. Jetzt
tauschten sie Grüße mit der Sphäre der Stehplätze, da
war Guiscardo, da war Antonio, sie kannten die Namen,
riefen sie winkend mit halber Stimme hinüber und bekamen ein Kopfnicken, ein Lachen sehr gesunder Zähne

zur Antwort. Sieh doch, da ist sogar Mario vom „Esquisito", Mario, der uns die Schokolade bringt! Auch er
will den Zauberer sehen, und er muß früh gekommen
sein, er steht fast vorn, aber er bemerkt uns nicht, er
gibt nicht acht, das ist so seine Art, obgleich er ein
Kellnerbursche ist. Dafür winken wir dem Manne zu,
der am Strande die Paddelboote vermietet, und der auch
da steht, ganz hinten.

Es wurde neun ein Viertel, es wurde beinahe halb zehn
Uhr. Sie begreifen unsere Nervosität. Wann würden die
Kinder ins Bett kommen? Es war ein Fehler gewesen sie
herzuführen, denn ihnen zuzumuten, den Genuß abzu-
brechen, kaum daß er recht begonnen, würde sehr hart
sein. Mit der Zeit hatte das Parkett sich gut gefüllt;
ganz Torre war da, so konnte man sagen, die Gäste des
Grand Hôtel, die Gäste der Villa Eleonora und anderer
Pensionen, bekannte Gesichter vom Strande. Man hörte
Englisch und Deutsch. Man hörte das Französisch, das
etwa Rumänen mit Italienern sprechen. Madame Angiolieri selbst saß zwei Reihen hinter uns an der Seite ihres
stillen und glatzköpfigen Gatten, der mit zwei mittleren
Fingern seiner Rechten seinen Schnurrbart strich. Alle
waren spät gekommen, aber niemand zu spät; Cipolla ließ
auf sich warten.

Er ließ auf sich warten, das ist wohl der richtige Ausdruck. Er erhöhte die Spannung durch die Verzögerung
seines Auftretens. Auch hatte man Sinn für diese Manier,
aber nicht ohne Grenzen. Gegen halb zehn Uhr begann
das Publikum zu applaudieren, – eine liebenswürdige
Form, rechtmäßige Ungeduld zu äußern, da sie zugleich
Beifallslust zum Ausdruck bringt. Für die Kleinen gehörte es schon zum Vergnügen, sich daran zu beteiligen.
Alle Kinder lieben es, Beifall zu klatschen. Aus der populären Sphäre rief es energisch: „Pronti!"[1] und „Comin-
ciamo!"[2] Und siehe, wie es zu gehen pflegt: Auf einmal
war der Beginn, welche Hindernisse ihm nun so lange
entgegengestanden haben mochten, leicht zu ermögli-

chen. Ein Gongschlag ertönte, der von den Stehplätzen
mit mehrstimmigem Ah! beantwortet wurde, und die
Gardine ging auseinander. Sie enthüllte ein Podium,
das nach seiner Ausstattung eher einer Schulstube als
dem Wirkungsfeld eines Taschenspielers glich, und zwar
namentlich dank der schwarzen Wandtafel, die auf einer
Staffelei links im Vordergrund stand. Sonst waren noch
ein gewöhnlicher gelber Kleiderständer, ein paar landes-
übliche Strohstühle und, weiter im Hintergrunde, ein
Rundtischchen zu sehen, auf dem eine Wasserflasche mit
Glas und, auf besonderem Tablett, ein Flakon voll hell-
gelber Flüssigkeit nebst Likörgläschen standen. Man hatte
noch zwei Sekunden Zeit, diese Utensilien ins Auge zu
fassen. Dann, ohne daß das Haus sich verdunkelt hätte,
hielt Cavaliere Cipolla seinen Auftritt.

Er kam in jenem Geschwindschritt herein, in dem
Erbötigkeit gegen das Publikum sich ausdrückt und der
die Täuschung erweckt, als habe der Ankommende in
diesem Tempo schon eine weite Strecke zurückgelegt,
um vor das Angesicht der Menge zu gelangen, während
er doch eben noch in der Kulisse stand. Der Anzug
Cipollas unterstützte die Fiktion des Von-außen-her-Ein-
treffens. Ein Mann schwer bestimmbaren Alters, aber
keineswegs mehr jung, mit scharfem, zerrüttetem[1] Gesicht, stechenden Augen, faltig verschlossenem Munde,
kleinem, schwarz gewichstem Schnurrbärtchen und einer
sogenannten Fliege in der Vertiefung zwischen Unter-
lippe und Kinn, war er in eine Art von komplizierter
Abendstraßeneleganz gekleidet. Er trug einen weiten
schwarzen und ärmellosen Radmantel mit Samtkragen
und atlasgefütterter Pelerine,[2] den er mit den weiß be-
handschuhten Händen bei behinderter Lage der Arme
vorn zusammenhielt, einen weißen Schal um den Hals
und einen geschweiften, schief in die Stirne gerückten
Zylinderhut. Vielleicht mehr als irgendwo ist in Italien
das achtzehnte Jahrhundert noch lebendig und mit ihm
der Typus des Scharlatans, des marktschreierischen Pos-

senreißers, der für diese Epoche so charakteristisch war,
und dem man nur in Italien noch in ziemlich wohl erhal-
tenen Beispielen begegnen kann. Cipolla hatte in seinem
Gesamthabitus[1] viel von diesem historischen Schlage, und
der Eindruck reklamehafter und phantastischer Narretei,
die zum Bilde gehört, wurde schon dadurch erweckt,
daß die anspruchsvolle Kleidung ihm sonderbar, hier
falsch gestrafft und dort in falschen Falten, am Leibe saß
oder gleichsam daran aufgehängt war: Irgend etwas war
mit seiner Figur nicht in Ordnung, vorn nicht und hinten
nicht, – später wurde das deutlicher. Aber ich muß
betonen, daß von persönlicher Scherzhaftigkeit oder gar
Clownerie in seiner Haltung, seinen Mienen, seinem
Benehmen nicht im geringsten die Rede sein konnte;
vielmehr sprachen strenge Ernsthaftigkeit, Ablehnung
alles Humoristischen, ein gelegentlich übellauniger Stolz,
auch jene gewisse Würde und Selbstgefälligkeit des Krüppels daraus, – was freilich nicht hinderte, daß sein Verhalten anfangs an mehreren Stellen des Saales Lachen
hervorrief.

Dies Verhalten hatte nichts Dienstfertiges mehr; die
Raschheit seiner Auftrittsschritte stellte sich als reine
Energieäußerung heraus, an der Unterwürfigkeit keinen
Teil gehabt hatte. An der Rampe stehend und sich mit
lässigem Zupfen seiner Handschuhe entledigend, wobei
er lange und gelbliche Hände entblößte, deren eine ein
Siegelring mit hochragendem Lasurstein schmückte, ließ
er seine kleinen strengen Augen, mit schlaffen Säcken
darunter, musternd durch den Saal schweifen, nicht rasch,
sondern indem er hie und da auf einem Gesicht in über-
legener Prüfung verweilte – verkniffenen Mundes, ohne
ein Wort zu sprechen. Die zusammengerollten Handschuhe warf er mit ebenso erstaunlicher wie beiläufiger
Geschicklichkeit[2] über eine bedeutende Entfernung hin
genau in das Wasserglas auf dem Rundtischchen und holte
dann, immer stumm umherblickend, aus irgendwelcher
inneren Tasche ein Päckchen Zigaretten hervor, die bil-

ligste Sorte der Regie,[1] wie man am Karton erkannte, zog
mit spitzen Fingern eine aus dem Bündel und entzündete
sie, ohne hinzusehen, mit einem prompt funktionierenden
Benzinfeuerzeug. Den tief eingeatmeten Rauch stieß er,
arrogant grimassierend, beide Lippen zurückgezogen, dabei mit einem Fuße leise aufklopfend, als grauen Sprudel
zwischen seinen schadhaft abgenutzten, spitzigen Zähnen
hervor.

Das Publikum beobachtete ihn so scharf, wie es sich
von ihm durchmustert sah. Bei den jungen Leuten auf
den Stehplätzen sah man zusammengezogene Brauen und
bohrende, nach einer Blöße spähende Blicke, die dieser
allzu Sichere sich geben würde. Er gab sich keine. Das
Hervorholen und Wiederverwahren des Zigarettenpäck-
chens und des Feuerzeuges war umständlich dank seiner
Kleidung; er raffte dabei den Abendmantel zurück, und
man sah, daß ihm über dem linken Unterarm an einer
Lederschlinge unpassenderweise eine Reitpeitsche mit
klauenartiger silberner Krücke hing. Man bemerkte ferner, daß er keinen Frack, sondern einen Gehrock trug,
und da er auch diesen aufhob, erblickte man eine mehr-
farbige, halb von der Weste verdeckte Schärpe, die
Cipolla um den Leib trug, und die hinter uns sitzende
Zuschauer in halblautem Austausch für das Abzeichen des
Cavaliere hielten. Ich lasse das dahingestellt, denn
ich habe nie gehört, daß mit dem Cavalieretitel ein
derartiges Abzeichen verbunden ist. Vielleicht war
die Schärpe reiner Humbug, so gut wie das wortlose
Dastehen des Gauklers, der immer noch nichts tat,
als dem Publikum lässig und wichtig seine Zigarette
vorzurauchen.

Man lachte, wie gesagt, und die Heiterkeit wurde fast
allgemein, als eine Stimme im Stehparterre laut und
trocken „Buona sera!"[2] sagte.

Cipolla horchte hoch auf. „Wer war das?" fragte er
gleichsam zugreifend. „Wer hat soeben gesprochen?
Nun? Zuerst so keck und nun bange? Paura, eh?"[3] Er

sprach mit ziemlich hoher, etwas asthmatischer, aber metallischer Stimme. Er wartete.

„Ich war's", sagte in die Stille hinein der junge Mann, der sich so herausgefordert und bei der Ehre genommen sah, – ein schöner Bursche gleich neben uns, im Baumwollhemd, die Jacke über eine Schulter gehängt. Er trug sein schwarzes, starres Kraushaar hoch und wild, die Modefrisur des erweckten Vaterlandes, die ihn etwas entstellte und afrikanisch anmutete. „Bè[1] . . . Das war ich. Es wäre Ihre Sache gewesen, aber ich zeigte Entgegenkommen."

Die Heiterkeit erneuerte sich. Der Junge war nicht auf den Mund gefallen. „Ha sciolto lo scilinguagnolo",[2] äußerte man neben uns. Die populäre Lektion war schließlich am Platze gewesen.

„Ah bravo!" antwortete Cipolla. „Du gefällst mir, Giovanotto.[3] Willst du glauben, daß ich dich längst gesehen habe? Solche Leute wie du haben meine besondere Sympathie, ich kann sie brauchen. Offenbar bist du ein ganzer Kerl. Du tust, was du willst. Oder hast du schon einmal nicht getan, was du wolltest? Oder gar getan, was du nicht wolltest? Was nicht du wolltest?[4] Höre, mein Freund, es müßte bequem und lustig sein, nicht immer so den ganzen Kerl spielen und für beides aufkommen zu müssen, das Wollen und das Tun. Arbeitsteilung müßte da einmal eintreten – sistema americano, sa'.[5] Willst du zum Beispiel jetzt dieser gewählten und verehrungswürdigen Gesellschaft hier die Zunge zeigen, und zwar die ganze Zunge bis zur Wurzel?"

„Nein", sagte der Bursche feindselig. „Das will ich nicht. Es würde von wenig Erziehung zeugen."

„Es würde von gar nichts zeugen", erwiderte Cipolla, „denn du tätest es ja nur. Deine Erziehung in Ehren, aber meiner Meinung nach wirst du jetzt, ehe ich bis drei zähle, eine Rechtswendung ausführen und der Gesellschaft die Zunge herausstrecken, länger, als du gewußt hattest, daß du sie herausstrecken könntest."

Er sah ihn an, wobei seine stechenden Augen tiefer in
die Höhlen zu sinken schienen. „Uno", sagte er und ließ
seine Reitpeitsche, deren Schlinge er vom Arme hatte
gleiten lassen, einmal kurz durch die Luft pfeifen. Der
Bursche machte Front gegen das Publikum und streckte
die Zunge so angestrengt-überlang heraus, daß man sah,
es war das Äußerste, was er an Zungenlänge nur irgend
zu bieten hatte. Dann nahm er mit nichtssagendem Gesicht wieder seine frühere Stellung ein.

„Ich war's", parodierte Cipolla, indem er zwinkernd
mit dem Kopf auf den Jungen deutete. „Bè . . . das war
ich." Damit wandte er sich, das Publikum seinen Ein-
drücken überlassend, zum Rundtischchen, goß sich aus
dem Flakon, das offenbar Kognak enthielt, ein Gläschen
ein und kippte es [1] geübt.

Die Kinder lachten von Herzen. Von den gewech-
selten Worten hatten sie fast nichts verstanden; daß aber
zwischen dem kuriosen Mann dort oben und jemandem
aus dem Publikum gleich etwas so Drolliges vor sich
gegangen war, amüsierte sie höchlichst, und da sie von
den Darbietungen eines Abends, wie er verheißen war,
keine bestimmte Vorstellung hatten, waren sie bereit,
diesen Anfang köstlich zu finden. Was uns betraf, so
tauschten wir einen Blick, und ich erinnere mich, daß
ich unwillkürlich mit den Lippen leise das Geräusch
nachahmte, mit dem Cipolla seine Reitpeitsche hatte
durch die Luft fahren lassen. Übrigens war klar, daß die
Leute nicht wußten, was sie aus einer so ungereimten
Eröffnung einer Taschenspielersoiree machen sollten, und
nicht recht begriffen, was den Giovanotto, der doch sozusagen ihre Sache geführt hatte, plötzlich hatte bestim-
men können, seine Keckheit gegen sie, das Publikum, zu
wenden. Man fand sein Benehmen läppisch, kümmerte
sich nicht weiter um ihn und wandte seine Aufmerksamkeit dem Künstler zu, der, vom Stärkungstischchen
zurückkehrend, folgendermaßen zu sprechen fortfuhr:
„Meine Damen und Herren", sagte er mit seiner asthma-

tisch-metallischen Stimme, „Sie sahen mich soeben etwas
empfindlich gegen die Belehrung, die dieser hoffnungs-
volle junge Linguist („questo linguista di belle speranze",
– man lachte über das Wortspiel)[1] mir erteilen zu sollen
glaubte. Ich bin ein Mann von einiger Eigenliebe, nehmen Sie das in Kauf! Ich finde keinen Geschmack daran,
mir anders als ernsthaften und höflichen Sinnes guten
Abend wünschen zu lassen, – es in entgegengesetztem
Sinne zu tun, besteht wenig Anlaß. Indem man mir einen
guten Abend wünscht, wünscht man sich selber einen,
denn das Publikum wird nur in dem Falle einen guten
Abend haben, daß ich einen habe, und darum tat
dieser Liebling der Mädchen von Torre di Venere (er
hörte nicht auf, gegen den Burschen zu sticheln) sehr
wohl daran, sogleich einen Beweis dafür zu geben, daß
ich heute einen habe und also auf seine Wünsche ver-
zichten kann. Ich darf mich rühmen, fast lauter gute
Abende zu haben. Ein schlechterer läuft wohl einmal
mit unter, doch ist das selten. Mein Beruf ist schwer
und meine Gesundheit nicht die robusteste; ich habe
einen kleinen Leibesschaden zu beklagen, der mich außer-
stand gesetzt hat, am Kriege für die Größe des Vaterlandes teilzunehmen. Allein mit den Kräften meiner
Seele und meines Geistes meistere ich das Leben, was ja
immer nur heißt: sich selbst bemeistern, und schmeichle
mir, mit meiner Arbeit die achtungsvolle Anteilnahme
der gebildeten Öffentlichkeit erregt zu haben. Die füh-
rende Presse hat diese Arbeit zu schätzen gewußt, der
‚Corriere della Sera'[2] erwies mir so viel Gerechtigkeit,
mich ein Phänomen zu nennen, und in Rom hatte ich die
Ehre, den Bruder des Duce unter den Besuchern eines
der Abende zu sehen, die ich dort veranstaltete. Kleiner
Gewohnheiten, die man mir an so glänzender und er-
habener Stelle nachzusehen die Gewogenheit hatte,
glaubte ich mich an einem vergleichsweise immerhin
weniger bedeutenden Platz wie Torre di Venere (man
lachte auf Kosten des armen kleinen Torre), nicht eigens

entschlagen und nicht dulden zu sollen, daß Personen, die durch die Gunst des weiblichen Geschlechtes etwas verwöhnt scheinen, sie mir verweisen." Jetzt hatte wieder der Bursche die Zeche zu zahlen, den Cipolla nicht müde wurde in der Rolle des donnaiuolo[1] und ländlichen Hahnes im Korbe vorzuführen, – wobei die zähe Empfindlichkeit und Animosität, mit der er auf ihn zurückkam, in auffälligem Mißverhältnis zu den Äußerungen seines Selbstgefühles und zu den mondänen Erfolgen stand, deren er sich rühmte. Gewiß mußte der Jüngling einfach als Belustigungsthema herhalten, wie Cipolla sich jeden Abend eines herauszugreifen und aufs Korn zu nehmen gewohnt sein mochte. Aber es sprach aus seinen Spitzen doch auch echte Gehässigkeit, über deren menschlichen Sinn ein Blick auf die Körperlichkeit beider belehrt haben würde, auch wenn der Verwachsene nicht beständig auf das ohne weiteres vorausgesetzte Glück des hübschen Jungen bei den Frauen angespielt hätte.

„Damit wir also unsere Unterhaltung beginnen", setzte er hinzu, „erlauben Sie, daß ich es mir bequemer mache!"

Und er ging zum Kleiderständer, um abzulegen.

„Parla benissimo",[2] stellte man in unserer Nähe fest. Der Mann hatte noch nichts geleistet, aber sein Sprechen allein ward als Leistung gewürdigt, er hatte damit zu imponieren gewußt. Unter Südländern ist die Sprache ein Ingredienz der Lebensfreude, dem man weit lebhaftere gesellschaftliche Schätzung entgegenbringt, als der Norden sie kennt. Es sind vorbildliche Ehren, in denen das nationale Bindemittel der Muttersprache bei diesen Völkern steht, und etwas heiter Vorbildliches hat die genußreiche Ehrfurcht, mit der man ihre Formen und Lautgesetze betreut. Man spricht mit Vergnügen, man hört mit Vergnügen – und man hört mit Urteil. Denn es gilt als Maßstab für den persönlichen Rang, wie einer spricht; Nachlässigkeit, Stümperei erregen Verachtung. Eleganz und Meisterschaft verschaffen menschliches Ansehen, weshalb auch der kleine Mann, sobald es ihm um

seine Wirkung zu tun ist, sich in gewählten Wendungen
versucht und sie mit Sorgfalt gestaltet. In dieser Hinsicht
also wenigstens hatte Cipolla sichtlich für sich eingenommen, obgleich er keineswegs dem Menschenschlag
angehörte, den der Italiener, in eigentümlicher Mischung
moralischen und ästhetischen Urteils, als „Simpatico"[1]
anspricht.

Nachdem er seinen Seidenhut, seinen Schal und Mantel
abgetan, kam er, im Rock sich zurechtrückend, die mit
großen Knöpfen verschlossenen Manschetten hervorzie-
hend und an seiner Humbugschärpe[2] ordnend, wieder
nach vorn. Er hatte sehr häßliches Haar, das heißt: sein
oberer Schädel war fast kahl, und nur eine schmale,
schwarz gewichste Scheitelfrisur lief, wie angeklebt, vom
Wirbel nach vorn, während das Schläfenhaar, ebenfalls
geschwärzt, seitlich zu den Augenwinkeln hingestrichen
war, – die Haartracht etwa eines altmodischen Zirkus-
direktors, lächerlich, aber durchaus zum ausgefallenen
Persönlichkeitsstil passend und mit so viel Selbstsicher-
heit getragen, daß die öffentliche Empfindlichkeit gegen
ihre Komik verhalten und stumm blieb. Der kleine
„Leibesschaden", von dem er vorbeugend gesprochen
hatte, war jetzt nur allzu deutlich sichtbar, wenn auch
immer noch nicht ganz klar nach seiner Beschaffenheit:
die Brust war zu hoch, wie gewohnt in solchen Fällen,
aber der Verdruß im Rücken schien nicht an der gewohnten Stelle, zwischen den Schultern, zu sitzen, sondern
tiefer, als eine Art Hüft- und Gesäßbuckel,[3] der den
Gang zwar nicht behinderte, aber ihn grotesk und bei
jedem Schritt sonderbar ausladend gestaltete. Übrigens
war der Unzuträglichkeit durch ihre Erwähnung gleichsam die Spitze abgebrochen worden, und zivilisiertes
Feingefühl beherrschte angesichts ihrer spürbar den Saal.

„Zu Ihren Diensten!" sagte Cipolla. „Ihr Einverständnis
vorausgesetzt, werden wir unser Programm mit einigen
arithmetischen Übungen beginnen."

Arithmetik? Das sah nicht nach Zauberkunststücken

aus. Die Vermutung regte sich schon, daß der Mann
unter falscher Flagge segelte; nur welches seine richtige
war, blieb undeutlich. Die Kinder begannen mir leid zu
tun; aber für den Augenblick waren sie einfach glücklich,
dabei zu sein. Das Zahlenspiel, das Cipolla nun anstellte,
war ebenso einfach wie durch seine Pointe verblüffend.
Er fing damit an, ein Blatt Papier mit einem Reißstift an
der oberen rechten Ecke der Tafel zu befestigen und,
indem er es hochhob, mit Kreide etwas aufs Holz zu
schreiben. Er redete unausgesetzt dabei, besorgt, seine
Darbietungen durch immerwährende sprachliche Beglei-
tung und Unterstützung vor Trockenheit zu bewahren,
wobei er sich selbst ein zungengewandter und keinen
Augenblick um einen plauderhaften Einfall verlegener
Conférencier war. Daß er sogleich damit fortfuhr, die
Kluft zwischen Podium und Zuschauerraum aufzuheben,
die schon durch das sonderbare Geplänkel mit dem Fischer-
burschen überbrückt worden war; daß er also Vertreter
des Publikums auf die Bühne nötigte und seinerseits über
die hölzernen Stufen, die dort hinaufführten, herunter-
kam, um persönliche Berührung mit seinen Gästen zu
suchen, gehörte zu seinem Arbeitsstil und gefiel den Kindern sehr. Ich weiß nicht, wie weit die Tatsache, daß
er dabei sofort wieder in Häkeleien mit Einzelpersonen
geriet, in seinen Absichten und seinem System lag, obgleich er sehr ernst und verdrießlich dabei blieb, – das
Publikum, wenigstens in seinen volkstümlichen Elemen-
ten, schien jedenfalls der Meinung zu sein, daß dergleichen zur Sache gehöre.

Nachdem er nämlich ausgeschrieben und das Geschriebene unter dem Blatt Papier verheimlicht hatte, drückte
er den Wunsch aus, zwei Personen möchten aufs Podium
kommen, um beim Ausführen der bevorstehenden Rechnung behilflich zu sein. Das biete keine Schwierigkeiten,
auch rechnerisch weniger Begabte seien ohne weiteres
geeignet dazu. Wie gewöhnlich meldete sich niemand,
und Cipolla hütete sich, den vornehmen Teil seines Publi-

kums zu belästigen. Er hielt sich ans Volk und wandte
sich an zwei lümmelstarke Burschen auf Stehplätzen im
Hintergrunde des Saales, forderte sie heraus, sprach ihnen
Mut zu, fand es tadelnswert, daß sie nur müßig gaffen
und der Gesellschaft sich nicht gefällig erweisen wollten,
und setzte sie wirklich in Bewegung. Mit plumpen Tritten[1] kamen sie durch den Mittelgang nach vorn, er-
stiegen die Stufen und stellten sich, linkisch grinsend,
unter den Bravi-Rufen ihrer Kameradschaft vor der Tafel
auf. Cipolla scherzte noch ein paar Augenblicke mit
ihnen, lobte die heroische Festigkeit ihrer Gliedmaßen,
die Größe ihrer Hände, die ganz geschaffen seien, der
Versammlung den erbetenen Dienst zu leisten, und gab
dann dem einen den Kreidegriffel in die Hand mit der
Weisung, einfach die Zahlen nachzuschreiben, die ihm
würden zugerufen werden. Aber der Mensch erklärte,
nicht schreiben zu können. „Non so scrivere", sagte er
mit grober Stimme, und sein Genosse fügte hinzu: „Ich
auch nicht."

Gott weiß, ob sie die Wahrheit sprachen oder sich nur
über Cipolla lustig machen wollten. Jedenfalls war dieser
weit entfernt, die Heiterkeit zu teilen, die ihr Geständnis
erregte. Er war beleidigt und angewidert. Er saß in
diesem Augenblick mit übergeschlagenem Bein auf einem
Strohstuhl in der Mitte der Bühne und rauchte wieder
eine Zigarette aus dem billigen Bündel, die ihm sichtlich
desto besser mundete, als er, während die Trottel zum
Podium stapften, einen zweiten Kognak zu sich genommen hatte. Wieder ließ er den tief eingezogenen Rauch
zwischen den entblößten Zähnen ausströmen und blickte
dabei, mit dem Fuße wippend, in strenger Ablehnung,
wie ein Mann, der sich vor einer durchaus verächtlichen
Erscheinung auf sich selbst und seine Würde zurückzieht,
an den beiden fröhlichen Ehrlosen vorbei und auch über
das Publikum hinweg ins Leere.

„Skandalös", sagte er kalt und verbissen. „Geht an eure
Plätze! Jedermann kann schreiben in Italien, dessen

Größe der Unwissenheit und Finsternis keinen Raum
bietet. Es ist ein schlechter Scherz, vor den Ohren dieser
internationalen Gesellschaft eine Bezichtigung laut werden zu lassen, mit der ihr nicht nur euch selbst erniedrigt,
sondern auch die Regierung und das Land dem Gerede
aussetzt. Wenn wirklich Torre di Venere der letzte
Winkel des Vaterlandes sein sollte, in den die Unkenntnis
der Elementarwissenschaften[1] sich geflüchtet hat, so
müßte ich bedauern, einen Ort aufgesucht zu haben,
von dem mir allerdings bekannt sein mußte, daß er an
Bedeutung hinter Rom in dieser und jener Beziehung
zurücksteht . . . "

Hier wurde er von dem Burschen mit der nubischen
Haartracht und der Jacke über der Schulter unterbrochen,
dessen Angriffslust, wie man nun sah, nur vorübergehend
abgedankt hatte, und der sich erhobenen Hauptes zum
Ritter seines Heimatstädtchens aufwarf.

„Genug!" sagte er laut. „Genug der Witze über Torre.
Wir alle sind von hier und werden nicht dulden, daß man
die Stadt vor den Fremden verhöhnt. Auch diese beiden
Leute sind unsere Freunde. Wenn sie keine Gelehrten
sind, so sind sie dafür rechtschaffenere Jungen als vielleicht mancher andere im Saal, der mit Rom prahlt,
obgleich er es auch nicht gegründet hat."

Das war ja ausgezeichnet. Der junge Mensch hatte
wahrhaftig Haare auf den Zähnen. Man unterhielt sich
bei dieser Art von Dramatik, obgleich sie den Eintritt ins
eigentliche Programm mehr und mehr verzögerte. Einem
Wortwechsel zuzuhören, ist immer fesselnd. Gewisse
Menschen belustigt das einfach, und sie genießen aus
einer Art von Schadenfreude ihr Nichtbeteiligtsein; andere empfinden Beklommenheit und Erregung, und ich
verstehe sie sehr gut, wenn ich auch damals den Eindruck
hatte, daß alles gewissermaßen auf Übereinkunft beruhte,
und daß sowohl die beiden analphabetischen Dickhäuter
wie auch der Giovanotto in der Jacke dem Künstler halb
und halb zur Hand gingen, um Theater zu produzieren.

Die Kinder lauschten mit vollem Genuß. Sie verstanden nichts, aber die Akzente hielten sie in Atem. Das war also ein Zauberabend, zum mindesten ein italienischer. Sie fanden es ausdrücklich sehr schön.

Cipolla war aufgestanden und mit zwei aus der Hüfte ladenden Schritten an die Rampe gekommen.

„Aber sieh ein bißchen!"[1] sagte er mit grimmiger Herzlichkeit. „Ein alter Bekannter! Ein Jüngling, der das Herz auf der Zunge hat! (Er sagte „sulla linguaccia", was belegte Zunge heißt und große Heiterkeit hervorrief.) Geht, meine Freunde!" wandte er sich an die beiden Tölpel. „Genug von euch, ich habe es jetzt mit diesem Ehrenmann zu tun, con questo torregiano di Venere, diesem Türmer der Venus, der sich zweifellos süßer Danksagungen versieht für seine Wachsamkeit . . . "

„Ah, non scherziamo![2] Reden wir ernst!" rief der Bursche. Seine Augen blitzten, und er machte wahrhaftig eine Bewegung, als wollte er die Jacke abwerfen und zur direktesten Auseinandersetzung übergehen.

Cipolla nahm das nicht tragisch. Anders als wir, die einander bedenklich ansahen, hatte der Cavaliere es mit einem Landsmann zu tun, hatte den Boden der Heimat unter den Füßen. Er blieb kalt, zeigte vollkommene Überlegenheit. Eine lächelnde Kopfbewegung seitlich gegen den Kampfhahn, den Blick ins Publikum gerichtet, rief dieses zum mitlächelnden Zeugen einer Rauflust auf, durch die der Gegner nur die Schlichtheit seiner Lebensform enthüllte. Und dann geschah abermals etwas Merkwürdiges, was jene Überlegenheit in ein unheimliches Licht setzte und die kriegerische Reizung, die von der Szene ausging, auf beschämende und unerklärliche Art ins Lächerliche zog.

Cipolla näherte sich dem Burschen noch mehr, wobei er ihm eigentümlich in die Augen sah. Er kam sogar die Stufen, die dort, links von uns, ins Auditorium führten, halbwegs herab, so daß er, etwas erhöht, dicht vor dem Streitbaren stand. Die Reitpeitsche hing an seinem Arm.

„Du bist nicht zu Scherzen aufgelegt, mein Sohn", sagte er. „Das ist nur zu begreiflich, denn jedermann sieht, daß du nicht wohl bist. Schon deine Zunge, deren Reinheit zu wünschen übrigließ, deutete auf akute Unordnung des gastrischen Systems. Man sollte keine Abendunterhaltung besuchen, wenn man sich fühlt wie du, und du selbst, ich weiß es, hast geschwankt, ob du nicht besser tätest, ins Bett zu gehen und dir einen Leibwickel[1] zu machen. Es war leichtsinnig, heute nachmittag so viel von diesem weißen Wein zu trinken, der schrecklich sauer war. Jetzt hast du die Kolik, daß du dich krümmen möchtest vor Schmerzen. Tu's nur ungescheut! Es ist eine gewisse Linderung verbunden mit dieser Nachgiebigkeit des Körpers gegen den Krampf der Eingeweide."

Indem er dies Wort für Wort mit ruhiger Eindringlichkeit und einer Art strenger Teilnahme sprach, schienen seine Augen, in die des jungen Menschen getaucht, über ihren Tränensäcken zugleich welk und brennend zu werden, – es waren sehr sonderbare Augen, und man verstand, daß sein Partner nicht nur aus Mannesstolz die seinen nicht von ihnen lösen mochte. Auch war von solchem Hochmut alsbald in seinem bronzierten Gesicht nichts mehr zu bemerken. Er sah den Cavaliere mit offenem Munde an, und dieser Mund lächelte in seiner Offenheit verstört und kläglich.

„Krümme dich!" wiederholte Cipolla. „Was bleibt dir anderes übrig? Bei solcher Kolik muß man sich krümmen. Du wirst dich doch gegen die natürliche Reflexbewegung nicht sträuben, nur, weil man sie dir empfiehlt."

Der junge Mann hob langsam die Unterarme, und während er sie anpressend über dem Leibe kreuzte, verbog sich sein Körper, wandte sich seitlich vornüber, tiefer und tiefer, ging bei verstellten Füßen und gegeneinandergekehrten Knien in die Beuge, so daß er endlich, ein Bild verrenkter Pein, beinahe am Boden hockte. So ließ Cipolla ihn einige Sekunden stehen, tat dann mit der Reitpeitsche einen kurzen Hieb durch die Luft und kehrte

ausladend zum Rundtischchen zurück, wo er einen
Kognak kippte.

„Il boit beaucoup“, stellte hinter uns eine Dame fest.
War das alles, was ihr auffiel? Es wollte uns nicht deutlich werden, wie weit das Publikum schon im Bilde
war. Der Bursche stand wieder aufrecht, etwas verlegen
lächelnd, als wüßte er nicht so recht, wie ihm geschehen.
Man hatte die Szene mit Spannung verfolgt und applaudierte ihr, als sie beendet war, indem man sowohl „Bravo,
Cipolla!“ wie „Bravo, Giovanotto!“ rief. Offenbar faßte
man den Ausgang des Streites nicht als persönliche Niederlage des jungen Menschen auf, sondern ermunterte
ihn wie einen Schauspieler, der eine klägliche Rolle
lobenswert durchgeführt hat. Wirklich war seine Art,
sich vor Leibschmerzen zu krümmen, höchst ausdrucksvoll, in ihrer Anschaulichkeit gleichsam für die Galerie
berechnet und sozusagen eine schauspielerische Leistung
gewesen. Aber ich bin nicht sicher, wieweit das Verhalten des Saales nur dem menschlichen Taktgefühl zuzuschreiben war, in dem der Süden uns überlegen ist,
und wieweit es auf eigentlicher Einsicht in das Wesen
der Dinge beruhte.

Der Cavaliere, gestärkt, hatte sich eine frische Zigarette angezündet. Der arithmetische Versuch konnte
wieder in Angriff genommen werden. Ohne Schwierig-
keit fand sich ein junger Mann aus den hinteren Sitz-
reihen, der bereit war, diktierte Ziffern auf die Tafel zu
schreiben. Wir kannten ihn auch; die ganze Unterhaltung gewann etwas Familiäres dadurch, daß man so
viele Gesichter kannte. Er war der Angestellte des
Kolonialwaren- und Obstladens in der Hauptstraße und
hatte uns mehrmals in guter Form bedient. Er handhabe
die Kreide mit kaufmännischer Gewandtheit, während
Cipolla, zu unserer Ebene herabgestiegen, sich in seiner
verwachsenen Gangart durch das Publikum bewegte und
Zahlen einsammelte, zwei-, drei- und vierstellige nach
freier Wahl, die er den Befragten von den Lippen nahm,

um sie seinerseits dem jungen Krämer zuzurufen, der sie untereinander reihte. Dabei war alles, im wechselseitigen Einverständnis, auf Unterhaltung, Jux, rednerische Abschweifung berechnet. Es konnte nicht fehlen, daß der Künstler auf Fremde stieß, die mit der inländischen Zahlensprache nicht fertig wurden, und mit denen er sich lange auf hervorgekehrt ritterliche Art bemühte, unter der höflichen Heiterkeit der Landeskinder, die er dann wohl in Verlegenheit brachte, indem er sie nötigte, englisch und französisch vorgebrachte Ziffern zu verdolmetschen. Einige nannten Zahlen, die große Jahre aus der italienischen Geschichte bezeichneten. Cipolla erfaßte sie sofort und knüpfte im Weitergehen patriotische Betrachtungen daran. Jemand sagte „Zero!", und der Cavaliere, streng beleidigt wie bei jedem Versuch, ihn zum Narren zu halten, erwiderte über die Schulter, das sei eine weniger als zweistellige Zahl, worauf ein anderer Spaßvogel „Null, null"[1] rief und den Heiterkeitserfolg damit hatte, dessen die Anspielung auf natürliche Dinge unter Südländern gewiß sein kann. Der Cavaliere allein hielt sich würdig ablehnend, obgleich er die Anzüglichkeit geradezu herausgefordert hatte; doch gab er achselzuckend auch diesen Rechnungsposten dem Schreiber zu Protokoll.

Als etwa fünfzehn Zahlen in verschieden langen Gliedern auf der Tafel standen, verlangte Cipolla die gemeinsame Addition. Geübte Rechner möchten sie vor der Schrift im Kopf vornehmen, aber es stand frei, Crayon und Taschenbuch zu Rate zu ziehen. Cipolla saß, während man arbeitete, auf seinem Stuhl neben der Tafel und rauchte grimassierend, mit dem selbstgefällig anspruchsvollen Gehaben des Krüppels. Die fünfstellige Summe[2] war rasch bereit. Jemand teilte sie mit, ein anderer bestätigte sie, das Ergebnis eines Dritten wich etwas ab, das des Vierten stimmte wieder überein. Cipolla stand auf, klopfte sich etwas Asche vom Rock, lüftete das Blatt Papier an der oberen rechten Ecke der

Tafel und ließ das dort von ihm Geschriebene sehen. Die richtige Summe, einer Million sich nähernd, stand schon da. Er hatte sie im voraus aufgezeichnet.

Staunen und großer Beifall. Die Kinder waren über-wältigt. Wie er das gemacht habe, wollten sie wissen. Wir bedeuteten sie, das sei ein Trick, nicht ohne weiteres zu verstehen, der Mann sei eben ein Zauberkünstler. Nun wußten sie, was das war, die Soiree eines Taschenspielers. Wie erst der Fischer Leibschmerzen bekam und nun das fertige Resultat auf der Tafel stand, – es war herrlich, und wir sahen mit Besorgnis, daß es trotz ihrer heißen Augen und trotzdem die Uhr schon jetzt fast halb elf war, sehr schwer sein würde, sie wegzubringen. Es würde Tränen geben. Und doch war klar, daß dieser Bucklige nicht zauberte, wenigstens nicht im Sinne der Geschicklichkeit, und daß dies gar nichts für Kinder war. Wiederum weiß ich nicht, was eigentlich das Publikum sich dachte; aber um die „freie Wahl" bei Bestimmung der Summanden war es offenbar recht zweifelhaft bestellt gewesen; dieser und jener der Befragten mochte wohl aus sich selbst geantwortet haben, im ganzen aber war deutlich, daß Cipolla sich seine Leute ausgesucht, und daß der Prozeß, abzielend auf das vorgezeichnete Ergebnis, unter seinem Willen gestanden hatte, – wobei immer noch sein rechnerischer Scharfsinn zu bewundern blieb, wenn das andere sich der Bewunderung seltsam entzog. Dazu der Patriotismus und die reizbare Würde: – die Landsleute des Cavaliere mochten sich bei alldem harmlos in ihrem Elemente fühlen und zu Späßen aufgelegt bleiben; den von außen Kommenden mutete die Mischung beklemmend an.

Übrigens sorgte Cipolla selbst dafür, daß der Charakter seiner Künste jedem irgendwie Wissenden unzweifelhaft wurde, freilich ohne daß ein Name, ein Terminus fiel. Er sprach wohl davon, denn er sprach immerwährend, aber nur in unbestimmten, anmaßenden und reklamehaften Ausdrücken. Er ging noch eine Weile auf dem

eingeschlagenen experimentellen Wege fort, machte die
Rechnungen erst verwickelter, indem er zur Zusammen-
zählung Übungen aus den anderen Spezies[1] fügte, und
vereinfachte sie dann aufs äußerste, um zu zeigen, wie es
zuging. Er ließ einfach Zahlen „raten“, die er vorher
unter das Blatt Papier geschrieben hatte. Es gelang fast
immer. Jemand gestand, daß er eigentlich einen anderen
Betrag habe nennen wollen; da aber im selben Augenblick die Reitpeitsche des Cavaliere vor ihm durch die
Luft gepfiffen sei, habe er sich die Zahl entschlüpfen
lassen, die sich dann auf der Tafel vorgefunden. Cipolla
lachte mit den Schultern. Er heuchelte Bewunderung
für das Ingenium[2] der Befragten; aber diese Komplimente
hatten etwas Höhnisches und Entwürdigendes, ich glaube
nicht, daß sie von den Versuchspersonen angenehm empfunden wurden, obgleich sie dazu lächelten und den Beifall teilweise zu ihren Gunsten buchen mochten. Auch
hatte ich nicht den Eindruck, daß der Künstler bei seinem
Publikum beliebt war. Eine gewisse Abneigung und Aufsässigkeit war durchzufühlen; aber von der Höflichkeit
zu schweigen, die solche Regungen im Zaum hielt, ver-
fehlten Cipollas Können, seine strenge Sicherheit nicht,
Eindruck zu machen, und selbst die Reitpeitsche trug,
meine ich, etwas dazu bei, daß die Revolte im Unterirdischen[3] blieb.

Vom bloßen Zahlenversuch kam er zu dem mit Karten.
Es waren zwei Spiele, die er aus der Tasche zog, und so
viel weiß ich noch, daß das Grund- und Musterbeispiel
der Experimente, die er damit anstellte, dies war, daß er
aus dem einen, ungesehen, drei Karten wählte, die er in
der Innentasche seines Gehrocks verbarg, und daß dann
die Versuchsperson aus dem vorgehaltenen zweiten Spiel
eben diese drei Karten zog, – nicht immer vollkommen
die richtigen; es kam vor, daß nur zweie stimmten, aber
in der Mehrzahl der Fälle triumphierte Cipolla, wenn er
seine drei Blätter veröffentlichte, und dankte leicht für
den Beifall, mit dem man wohl oder übel die Kräfte aner-

kannte, die er bewährte. Ein junger Herr in vorderster
Reihe, rechts von uns, mit stolz geschnittenem Gesicht,
Italiener, meldete sich und erklärte, er sei entschlossen,
nach klarem Eigenwillen zu wählen und sich jeder wie
immer gearteten Beeinflussung bewußt entgegenzustem-
men. Wie Cipolla sich unter diesen Umständen den
Ausgang denke. – „Sie werden mir", antwortete der
Cavaliere, „damit meine Aufgabe etwas erschweren. An
dem Ergebnis wird Ihr Widerstand nichts ändern. Die
Freiheit existiert, und auch der Wille existiert; aber die
Willensfreiheit existiert nicht, denn ein Wille, der sich auf
seine Freiheit richtet, stößt ins Leere. Sie sind frei, zu
ziehen oder nicht zu ziehen. Ziehen Sie aber, so werden
Sie richtig ziehen, – desto sicherer, je eigensinniger Sie
zu handeln versuchen."

Man mußte zugeben, daß er seine Worte nicht besser
hätte wählen können, um die Wasser zu trüben und seelische Verwirrung anzurichten. Der Widerspenstige zö-
gerte nervös, bevor er zugriff. Er zog eine Karte und
verlangte sofort zu sehen, ob sie unter den verborgenen
sei. „Aber wie?" verwunderte sich Cipolla. „Warum
halbe Arbeit tun?" Da jedoch der Trotzige auf dieser
Vorprobe bestand: – „È servito",[1] sagte der Gaukler mit
ungewohnt lakaienhafter Gebärde und zeigte, ohne selbst
hinzusehen, sein Dreiblatt fächerförmig vor. Die links
steckende Karte war die gezogene.

Der Freiheitskämpfer setzte sich zornig, unter dem
Beifall des Saales. Wieweit Cipolla die mit ihm ge-
borenen Gaben auch noch durch mechanische Tricks und
Behendigkeitsmittelchen unterstützte, mochte der Teufel
wissen. Eine solche Verquickung angenommen, ver-
einigte die ungebundene Neugier aller sich jedenfalls im
Genuß einer phänomenalen Unterhaltung und in der An-
erkennung einer Berufstüchtigkeit, die niemand leugnete.
„Lavora bene!"[2] Wir hörten die Feststellung da und dort
in unserer Nähe, und sie bedeutete den Sieg sachlicher
Gerechtigkeit über Antipathie und stille Empörung.

Vor allem, nach seinem letzten, fragmentarischen, doch
eben dadurch nur desto eindrucksvolleren Erfolge, hatte
Cipolla sich wieder mit einem Kognak gestärkt. In der
Tat, er „trank viel", und das war etwas schlimm zu sehen.
Aber er brauchte Likör und Zigarette offenbar zur Er-
haltung und Erneuerung seiner Spannkraft, an die, er
hatte es selbst angedeutet, in mehrfacher Beziehung starke
Ansprüche gestellt wurden. Wirklich sah er schlecht
aus zwischenein, hohläugig und verfallen. Das Gläschen
brachte das jeweils ins gleiche, und seine Rede lief danach, während der eingeatmete Rauch ihm grau aus der
Lunge sprudelte, belebt und anmaßend. Ich weiß bestimmt, daß er von den Kartenkunststückchen zu jener
Art von Gesellschaftsspielen überging, die auf über- oder
untervernünftigen Fähigkeiten der menschlichen Natur,
auf Intuition und „magnetischer" Übertragung, kurzum
auf einer niedrigen Form der Offenbarung beruhen. Nur
die intimere Reihenfolge seiner Leistungen weiß ich nicht
mehr. Auch langweile ich Sie nicht mit der Schilderung
dieser Versuche; jeder kennt sie, jeder hat einmal daran
teilgenommen, an diesem Auffinden versteckter Gegen-
stände, diesem blinden Ausführen zusammengesetzter
Handlungen, zu dem die Anweisung auf unerforschtem
Wege, von Organismus zu Organismus ergeht. Jeder hat
auch dabei seine kleinen, neugierig-verächtlichen und
kopfschüttelnden Einblicke in den zweideutig-unsauberen
und unentwirrbaren Charakter des Okkulten getan, das
in der Menschlichkeit seiner Träger[1] immer dazu neigt,
sich mit Humbug und nachhelfender Mogelei vexatorisch
zu vermischen, ohne daß dieser Einschlag etwas gegen
die Echtheit anderer Bestandteile des bedenklichen Amal-
gams bewiese. Ich sage nur, daß alle Verhältnisse natürlich sich verstärken, der Eindruck nach jeder Seite an
Tiefe gewinnt, wenn ein Cipolla Leiter und Hauptakteur
des dunklen Spieles ist. Er saß, den Rücken gegen das
Publikum gekehrt, im Hintergrunde des Podiums und
rauchte, während irgendwo im Saale unterderhand die

Vereinbarungen getroffen wurden, denen er gehorchen,
der Gegenstand von Hand zu Hand ging, den er aus
seinem Versteck ziehen und mit dem er Vorbestimmtes
ausführen sollte. Es war das typisch bald getrieben zu-
stoßende, bald lauschend stockende Vorwärtstasten, Fehl-
tappen und sich mit jäh eingegebener Wendung Ver-
bessern, das er zu beobachten gab, wenn er an der Hand
eines wissenden Führers, der angewiesen war, sich kör-
perlich rein folgsam zu verhalten, aber seine Gedanken
auf das Verabredete zu richten, sich zurückgelegten
Hauptes und mit vorgestreckter Hand im Zickzack durch
den Saal bewegte. Die Rollen schienen vertauscht, der
Strom ging in umgekehrter Richtung, und der Künstler
wies in immer fließender Rede ausdrücklich darauf hin.
Der leidende, empfangende, der ausführende Teil, dessen
Wille ausgeschaltet war, und der einen stummen in der
Luft liegenden Gemeinschaftswillen vollführte, war nun
er, der so lange gewollt und befohlen hatte; aber er
betonte, daß es auf eins hinauslaufe. Die Fähigkeit, sagte
er, sich seiner selbst zu entäußern, zum Werkzeug zu
werden, im unbedingtesten und vollkommensten Sinne
zu gehorchen, sei nur die Kehrseite jener anderen, zu
wollen und zu befehlen; es sei ein und dieselbe Fähigkeit;
Befehlen und Gehorchen, sie bildeten zusammen nur ein
Prinzip,[1] eine unauflösliche Einheit; wer zu gehorchen
wisse, der wisse auch zu befehlen, und ebenso umge-
kehrt; der eine Gedanke sei in dem anderen einbegriffen,
wie Volk und Führer ineinander einbegriffen seien, aber
die Leistung, die äußerst strenge und aufreibende Leistung, sei jedenfalls seine, des Führers und Veranstalters,
in welchem der Wille Gehorsam, der Gehorsam Wille
werde, dessen Person die Geburtsstätte beider sei, und
der es also sehr schwer habe. Er betonte dies stark und
oft, daß er es außerordentlich schwer habe, wahrscheinlich um seine Stärkungsbedürftigkeit und das häufige Grei-
fen zum Gläschen zu erklären.
    Er tappte seherisch umher, geleitet und getragen vom

öffentlichen, geheimen Willen. Er zog eine steinbesetzte
Nadel aus dem Schuh einer Engländerin, wo man sie ver-
borgen hatte, trug sie stockend und getrieben zu einer
anderen Dame – es war Signora Angiolieri – und über-
reichte sie ihr kniefällig mit vorbestimmten und, wenn
auch naheliegenden, so doch nicht leicht zu treffenden
Worten; denn sie waren auf französisch verabredet worden. „Ich mache Ihnen ein Geschenk zum Zeichen meiner
Verehrung!" hatte er zu sagen, und uns schien, als läge
Bosheit in der Härte dieser Bedingung; ein Zwiespalt
drückte sich darin aus zwischen dem Interesse am Ge-
lingen des Wunderbaren und dem Wunsch, der anspruchsvolle Mann möchte eine Niederlage erleiden. Aber sehr
merkwürdig war es, wie Cipolla, auf den Knien vor
Madame Angiolieri, unter versuchenden Reden um die
Erkenntnis des ihm Aufgegebenen rang. „Ich muß etwas
sagen", äußerte er, „und ich fühle deutlich, was es zu
sagen gilt. Dennoch fühle ich zugleich, daß es falsch
würde, wenn ich es über die Lippen ließe. Hüten Sie
sich, mir mit irgendeinem unwillkürlichen Zeichen zu
Hilfe zu kommen!" rief er aus, obgleich oder weil zweifellos gerade dies es war, worauf er hoffte . . . „Pensez
très fort!" rief er auf einmal in schlechtem Französisch
und sprudelte dann den befohlenen Satz zwar auf ita-
lienisch hervor, aber so, daß er das Schluß- und Hauptwort[1] plötzlich in die ihm wahrscheinlich ganz ungeläu-
fige Schwestersprache fallen ließ und statt „venerazione"
„vénération" mit einem unmöglichen Nasal am Ende
sagte, – ein Teilerfolg, der nach den schon vollendeten
Leistungen, dem Auffinden der Nadel, dem Gang zur Emp-
fängerin und dem Kniefall, fast eindrucksvoller wirkte,
als der restlose Sieg es getan hätte, und bewunderungs-
vollen Beifall hervorrief.

Cipolla trocknete sich aufstehend den Schweiß von der
Stirn. Sie verstehen, daß ich nur ein Beispiel seiner
Arbeit gab, indem ich von der Nadel erzählte, – es ist
mir besonders im Gedächtnis geblieben. Aber er wan-

delte die Grundform mehrfach ab und durchflocht diese
Versuche, so daß viel Zeit darüber verging, mit Impro-
visationen verwandter Art, zu denen die Berührung mit
dem Publikum ihm auf Schritt und Tritt verhalf. Namentlich von der Person unserer Wirtin schien Eingebung auf
ihn auszugehen; sie entlockte ihm verblüffende Wahr-
sagungen. „Es entgeht mir nicht, Signora", sagte er zu
ihr, „daß es mit Ihnen eine besondere und ehrenvolle
Bewandtnis hat. Wer zu sehen weiß, der erblickt um
Ihre reizende Stirn einen Schein, der, wenn mich nicht
alles täuscht, einst stärker war als heute, einen langsam
verbleichenden Schein . . . Kein Wort! Helfen Sie mir
nicht! An Ihrer Seite sitzt Ihr Gatte – nicht wahr",
wandte er sich an den stillen Herrn Angiolieri, „Sie sind
der Gatte dieser Dame, und Ihr Glück ist vollkommen.
Aber in dieses Glück hinein ragen Erinnerungen . . .
fürstliche Erinnerungen . . . Das Vergangene, Signora,
spielt in Ihrem gegenwärtigen Leben, wie mir scheint,
eine bedeutende Rolle. Sie kannten einen König . . . hat
nicht ein König in vergangenen Tagen Ihren Lebensweg
gekreuzt?"

„Doch nicht", hauchte die Spenderin unserer Mittags-
suppe, und ihre braungoldenen Augen schimmerten in
der Edelblässe ihres Gesichtes.

„Doch nicht? Nein, kein König, ich sprach gleichsam
nur im rohen und unreinen.[1] Kein König, kein Fürst, –
aber dennoch ein Fürst, ein König höherer Reiche. Ein
großer Künstler war es, an dessen Seite Sie einst . . . Sie
wollen mir widersprechen, und doch können Sie es nicht
mit voller Entschiedenheit, können es nur zur Hälfte tun.
Nun denn! es war eine große, eine weltberühmte *Künst-
lerin*, deren Freundschaft Sie in zarter Jugend genossen,
und deren heiliges Gedächtnis Ihr ganzes Leben über-
schattet und verklärt . . . Den Namen? Ist es nötig,
Ihnen den Namen zu nennen, dessen Ruhm sich längst
mit dem des Vaterlandes verbunden hat und mit ihm un-
sterblich ist? Eleonora Duse", schloß er leise und feierlich.

Die kleine Frau nickte überwältigt in sich hinein. Der Applaus glich einer nationalen Kundgebung. Fast jedermann im Saale wußte von Frau Angiolieris bedeutender Vergangenheit und vermochte also die Intuition des Cavaliere zu würdigen, voran die anwesenden Gäste der Casa Eleonora. Es fragte sich nur, wieviel er selbst davon gewußt, beim ersten berufsmäßigen Umhorchen nach seiner Ankunft in Torre davon in Erfahrung gebracht haben mochte . . . Aber ich habe gar keinen Grund, Fähigkeiten, die ihm vor unseren Augen zum Verhängnis wurden, rationalistisch zu verdächtigen . . .

Vor allem gab es nun eine Pause, und unser Gebieter zog sich zurück. Ich gestehe, daß ich mich vor diesem Punkte meines Berichtes gefürchtet habe, fast seit ich zu erzählen begann. Die Gedanken der Menschen zu lesen, ist meistens nicht schwer, und hier ist es sehr leicht. Unfehlbar werden Sie mich fragen, warum wir nicht endlich weggegangen seien, – und ich muß Ihnen die Antwort schuldig bleiben. Ich verstehe es nicht und weiß mich tatsächlich nicht zu verantworten. Es muß damals bestimmt schon mehr als elf Uhr gewesen sein, wahrscheinlich noch später. Die Kinder schliefen. Die letzte Versuchsserie war für sie recht langweilig gewesen, und so hatte die Natur es leicht, ihr Recht zu erkämpfen. Sie schliefen auf unseren Knien, die Kleine auf den meinen, der Junge auf denen der Mutter. Das war einerseits tröstlich, dann aber doch auch wieder ein Grund zum Erbarmen und eine Mahnung, sie in ihre Betten zu bringen. Ich versichere, daß wir ihr gehorchen wollten, dieser rührenden Mahnung, es ernstlich wollten. Wir weckten die armen Dinger mit der Versicherung, nun sei es entschieden die höchste Zeit zur Heimkehr. Aber ihr flehentlicher Widerstand begann mit dem Augenblick ihrer Selbstbesinnung, und Sie wissen, daß der Abscheu von Kindern gegen das vorzeitige Verlassen einer Unterhaltung nur zu brechen, nicht zu überwinden ist. Es sei herrlich beim Zauberer. klagten sie, wir wüßten nicht,

was noch kommen solle, man müsse wenigstens abwarten,
womit er nach der Pause beginnen werde, sie schliefen
gern zwischendurch ein bißchen, aber nur nicht nach
Hause, nur nicht ins Bett, während der schöne Abend
hier weitergehe!

Wir gaben nach, wenn auch, soviel wir wußten, nur
für den Augenblick, für eine Weile noch, vorläufig. Zu
entschuldigen ist es nicht, daß wir blieben, und es zu
erklären fast ebenso schwer. Glaubten wir B sagen zu
müssen,[1] nachdem wir A gesagt und irrtümlicherweise
die Kinder überhaupt hierher gebracht hatten? Ich finde
das ungenügend. Unterhielten wir selbst uns denn? Ja
und nein, unsere Gefühle für Cavaliere Cipolla waren
höchst gemischter Natur, aber das waren, wenn ich nicht
irre, die Gefühle des ganzen Saales, und dennoch ging
niemand weg. Unterlagen wir einer Faszination, die von
diesem auf so sonderbare Weise sein Brot verdienenden
Manne auch neben dem Programm, auch zwischen den
Kunststücken ausging und unsere Entschlüsse lähmte?
Ebensogut mag die bloße Neugier in Rechnung zu stellen
sein. Man möchte wissen, wie ein Abend sich fortsetzen
wird, der so begonnen hat, und übrigens hatte Cipolla
seinen Abgang mit Ankündigungen begleitet, die darauf
schließen ließen, daß er seinen Sack[2] keineswegs ausgeleert habe und eine Steigerung der Effekte zu erwarten sei.

Aber das alles ist es nicht, oder es ist nicht alles. Das
richtigste wäre, die Frage, warum wir jetzt nicht gingen,
mit der anderen zu beantworten, warum wir vorher Torre
nicht verlassen hatten. Das ist meiner Meinung nach ein
und dieselbe Frage, und um mich herauszuwinden, könnte
ich einfach sagen, ich hätte sie schon beantwortet. Es
ging hier geradeso merkwürdig und spannend, geradeso
unbehaglich, kränkend und bedrückend zu wie in Torre
überhaupt, ja mehr als geradeso: dieser Saal bildete den
Sammelpunkt aller Merkwürdigkeit, Nichtgeheuerlich-
keit und Gespanntheit, womit uns die Atmosphäre des
Aufenthaltes geladen schien; dieser Mann, dessen Rück-

kehr wir erwarteten, dünkte uns die Personifikation von
alldem; und da wir im großen nicht „abgereist" waren,[1]
wäre es unlogisch gewesen, es sozusagen im kleinen zu
tun. Nehmen Sie das als Erklärung unserer Seßhaftigkeit
an oder nicht! Etwas Besseres weiß ich einfach nicht
vorzubringen. –

Es gab also eine Pause von zehn Minuten, aus denen
annähernd zwanzig wurden. Die Kinder, wach geblieben
und entzückt von unserer Nachgiebigkeit, wußten sie
vergnüglich auszufüllen. Sie nahmen ihre Beziehungen
zur volkstümlichen Sphäre wieder auf, zu Antonio, zu
Guiscardo, zu dem Manne der Paddelboote. Sie riefen
den Fischern durch die hohlen Hände Wünsche zu, deren
Wortlaut sie von uns eingeholt hatten: „Morgen viele
Fischchen!" „Ganz voll die Netze!" Sie riefen zu Mario,
dem Kellnerburschen vom „Esquisito", hinüber: „Mario,
una cioccolata e biscotti!"[2] Und gab er acht diesmal und
antwortete lächelnd: „Subito!"[3] Wir bekamen Gründe,
dies freundliche und etwas zerstreut-melancholische
Lächeln im Gedächtnis zu bewahren.

So ging die Pause herum, der Gongschlag ertönte, das
in Plauderei gelöste Publikum sammelte sich, die Kinder
rückten sich begierig auf ihren Stühlen zurecht, die Hände
im Schoß. Die Bühne war offen geblieben. Cipolla betrat
sie ausladenden Schrittes und begann sofort, die zweite
Folge seiner Darbietungen conférencemäßig einzuleiten.

Lassen Sie mich zusammenfassen: Dieser selbstbewußte
Verwachsene war der stärkste Hypnotiseur, der mir in
meinem Leben vorgekommen. Wenn er der Öffentlichkeit über die Natur seiner Vorführungen Sand in die
Augen gestreut und sich als Geschicklichkeitskünstler
angekündigt hatte, so hatten damit offenbar nur polizei-
liche Bestimmungen umgangen werden sollen, die eine
gewerbsmäßige Ausübung dieser Kräfte grundsätzlich ver-
pönten. Vielleicht ist die formale Verschleierung in
solchen Fällen landesüblich und amtlich geduldet oder
halb geduldet. Jedenfalls hatte der Gaukler praktisch aus

dem wahren Charakter seiner Wirkungen von Anfang an
wenig Hehl gemacht, und die zweite Hälfte seines Pro-
gramms nun war ganz offen und ausschließlich auf den
Spezialversuch, die Demonstration der Willensentziehung
und -aufnötigung, gestellt, wenn auch rein rednerisch
immer noch die Umschreibung herrschte. In einer lang-
wierigen Serie komischer, aufregender, erstaunlicher
Versuche, die um Mitternacht noch in vollem Gang
waren, bekam man vom Unscheinbaren bis zum Unge-
heuerlichen alles zu sehen, was dies natürlich-unheimliche
Feld an Phänomenen zu bieten hat, und den grotesken
Einzelheiten folgte ein lachendes, kopfschüttelndes, sich
aufs Knie schlagendes, applaudierendes Publikum, das
deutlich im Bann einer Persönlichkeit von strenger Selbst-
sicherheit stand, obgleich es, wie mir wenigstens schien,
nicht ohne widerspenstiges Gefühl für das eigentümlich
Entehrende war, das für den Einzelnen und für alle in
Cipollas Triumphen lag.

Zwei Dinge spielten die Hauptrolle bei diesen Triumphen: das Stärkungsgläschen und die Reitpeitsche mit
dem Klauengriff. Das eine mußte immer wieder dazu
dienen, seiner Dämonie einzuheizen, da sonst, wie es
schien, Erschöpfung gedroht hätte; und das hätte menschlich besorgt stimmen können um den Mann, wenn nicht
das andere, dies beleidigende Symbol seiner Herrschaft,
gewesen wäre, diese pfeifende Fuchtel, unter die seine
Anmaßung uns alle stellte, und deren Mitwirkung wei-
chere Empfindungen als die einer verwunderten und ver-
trotzten Unterwerfung nicht aufkommen ließ. Vermißte
er sie? Beanspruchte er auch noch unser Mitgefühl?
Wollte er alles haben? Eine Äußerung von ihm prägte
sich mir ein, die auf solche Eifersucht schließen ließ. Er
tat sie, als er, auf dem Höhepunkt seiner Experimente,
einen jungen Menschen, der sich ihm zur Verfügung gestellt und sich längst als besonders empfängliches Objekt
dieser Einflüsse erwiesen, durch Striche und Anhauch
vollkommen kataleptisch gemacht hatte, dergestalt, daß

er den in Tiefschlaf Gebannten nicht nur mit Nacken und
Füßen auf die Lehnen zweier Stühle legen, sondern sich
ihm auch auf den Leib setzen konnte, ohne daß der brett-
starre Körper nachgab. Der Anblick des Unholds im
Salonrock, hockend auf der verholzten Gestalt, war un-
glaubwürdig und scheußlich, und das Publikum, in der
Vorstellung, daß das Opfer dieser wissenschaftlichen Kurz-
weil leiden müsse, äußerte Erbarmen. „Poveretto!"
„Armer Kerl!" riefen gutmütige Stimmen. „Poveretto!"
höhnte Cipolla erbittert. „Das ist falsch adressiert, meine
Herrschaften! Sono io, il Poveretto! Ich bin es, der das
alles duldet." Man steckte die Lehre ein. Gut, er selbst
mochte es sein, der die Kosten der Unterhaltung trug
und der vorstellungsweise[1] auch die Leibschmerzen auf
sich genommen haben mochte, von denen der Giovanotto
die erbärmliche Grimasse lieferte. Aber der Augenschein
sprach dagegen, und man ist nicht aufgelegt, Poveretto
zu jemandem zu sagen, der für die Entwürdigung der
anderen leidet.

Ich habe vorgegriffen und die Reihenfolge ganz beiseite
geworfen. Mein Kopf ist noch heute voll von Erinnerungen an des Cavaliere Duldertaten, nur weiß ich nicht
mehr Ordnung darin zu halten, und es kommt auf sie
auch nicht an. So viel aber weiß ich, daß die großen
und umständlichen, die am meisten Beifall fanden, mir
weniger Eindruck machten als gewisse kleine und rasch
vorübergehende. Das Phänomen des Jungen als Sitzbank
kam mir soeben nur der daran geknüpften Zurecht-
weisung wegen gleich in den Sinn . . . Daß aber eine
ältere Dame, auf einem Strohstuhl schlafend, von Cipolla
in die Illusion gewiegt wurde, sie mache eine Reise nach
Indien, und aus der Trance sehr beweglich von ihren
Abenteuern zu Wasser und zu Lande kündete, beschäf-
tigte mich viel weniger, und ich fand es weniger toll, als
daß, gleich nach der Pause, ein hoch und breit gebauter
Herr militärischen Ansehens den Arm nicht mehr heben
konnte, nur weil der Bucklige ihm ankündigte, er werde

es nicht mehr tun können, und einmal seine Reitpeitsche dazu durch die Luft pfeifen ließ. Ich sehe noch immer das Gesicht dieses schnurrbärtig stattlichen Colonnello vor mir, dies lächelnde Zähnezusammenbeißen im Ringen nach einer eingebüßten Verfügungsfreiheit. Was für ein konfuser Vorgang! Er schien zu wollen und nicht zu können; aber er konnte wohl nur nicht wollen, und es waltete da jene die Freiheit lähmende Verstrickung des Willens in sich selbst, die unser Bändiger vorhin schon dem römischen Herrn höhnisch vorausgesagt hatte.

Noch weniger vergesse ich in ihrer rührenden und geisterhaften Komik die Szene mit Frau Angiolieri, deren ätherische Widerstandslosigkeit gegen seine Macht der Cavaliere gewiß schon bei seiner ersten dreisten Umschau im Saale erspäht hatte. Er zog sie durch pure Behexung buchstäblich von ihrem Stuhl empor, aus ihrer Reihe heraus mit sich fort, und dabei hatte er, um sein Licht besser leuchten zu lassen, Herrn Angiolieri aufgegeben, seine Frau mit Vornamen zu rufen, gleichsam um das Gewicht seines Daseins und seiner Rechte in die Waagschale zu werfen und mit der Stimme des Gatten alles in der Seele der Gefährtin wachzurufen, was ihre Tugend gegen den bösen Zauber zu schützen vermochte. Doch wie vergeblich geschah es! Cipolla, in einiger Entfernung von dem Ehepaar, ließ einmal seine Peitsche pfeifen, mit der Wirkung, daß unsere Wirtin heftig zusammenzuckte und ihm ihr Gesicht zuwandte. „Sofronia!" rief Herr Angiolieri schon hier (wir hatten gar nicht gewußt, daß Frau Angiolieri Sofronia mit Vornamen hieß), und mit Recht begann er zu rufen, denn jedermann sah, daß Gefahr im Verzuge war: seiner Gattin Antlitz blieb unverwandt gegen den verfluchten Cavaliere gerichtet. Dieser nun, die Peitsche ans Handgelenk gehängt, begann mit allen seinen zehn langen und gelben Fingern winkende und ziehende Bewegungen gegen sein Opfer zu vollführen und schrittweise rückwärts zu gehen. Da stieg Frau Angiolieri in schimmernder Blässe von ihrem Sitze

auf, wandte sich ganz nach der Seite des Beschwörers und
fing an, ihm nachzuschweben. Geisterhafter und fataler
Anblick! Mondsüchtigen Ausdrucks, die Arme steif, die
schönen Hände etwas aus dem Gelenk erhoben und wie
mit geschlossenen Füßen[1] schien sie langsam aus ihrer
Bank herauszugleiten, dem ziehenden Verführer nach . . .
„Rufen Sie, mein Herr, rufen Sie doch!" mahnte der
Schreckliche. Und Herr Angiolieri rief mit schwacher
Stimme: „Sofronia!" Ach, mehrmals rief er es noch, hob
sogar, da sein Weib sich mehr und mehr von ihm ent-
fernte, eine hohle Hand zum Munde und winkte mit der
andern beim Rufen. Aber ohnmächtig verhallte die arme
Stimme der Liebe und Pflicht im Rücken einer Ver-
lorenen, und in mondsüchtigem Gleiten, berückt und
taub, schwebte Frau Angiolieri dahin, in den Mittelgang,
ihn entlang, gegen den fingernden Bucklingen, auf die
Ausgangstür zu. Der Eindruck war zwingend und vollkommen, daß sie ihrem Meister, wenn dieser gewollt
hätte, so bis ans Ende der Welt gefolgt wäre.

„Accidente!"[2] rief Herr Angiolieri in wirklichem
Schrecken und sprang auf, als die Saaltür erreicht war.
Aber im selben Augenblick ließ der Cavaliere den Sieges-
kranz gleichsam fallen und brach ab. „Genug, Signora,
ich danke Ihnen", sagte er und bot der aus Wolken zu
sich Kommenden mit komödiantischer Ritterlichkeit den
Arm, um sie Herrn Angiolieri wieder zuzuführen. „Mein
Herr", begrüßte er diesen, „hier ist Ihre Gemahlin! Un-
versehrt, nebst meinen Komplimenten, liefere ich sie in
Ihre Hände zurück. Hüten Sie mit allen Kräften Ihrer
Männlichkeit einen Schatz, der so ganz der Ihre ist, und
befeuern Sie Ihre Wachsamkeit durch die Einsicht, daß
es Mächte gibt, die stärker als Vernunft und Tugend und
nur ausnahmsweise mit der Hochherzigkeit der Entsagung
gepaart sind!"

Der arme Herr Angiolieri, still und kahl! Er sah nicht
aus, als ob er sein Glück auch nur gegen minder dämo-
nische Mächte zu schützen gewußt hätte, als diejenigen

waren, die hier zum Schrecken auch noch den Hohn
fügten. Gravitätisch und gebläht kehrte der Cavaliere
aufs Podium zurück unter einem Beifall, dem seine Be-
redsamkeit doppelte Fülle verliehen hatte. Namentlich
durch diesen Sieg, wenn ich mich nicht irre, war seine
Autorität auf einen Grad gestiegen, daß er sein Publikum
tanzen lassen konnte, – ja, tanzen. Das ist ganz wörtlich
zu verstehen, und es brachte eine gewisse Ausartung, ein
gewisses spätnächtliches Drunter und Drüber der Ge-
müter, eine trunkene Auflösung der kritischen Wider-
stände mit sich, die so lange dem Wirken des unange-
nehmen Mannes entgegengestanden waren. Freilich hatte
er um die Vollendung seiner Herrschaft hart zu kämpfen,
und zwar gegen die Aufsässigkeit des jungen römischen
Herrn, dessen moralische Versteifung ein dieser Herrschaft gefährliches öffentliches Beispiel abzugeben drohte.
Gerade auf die Wichtigkeit des Beispiels aber verstand
sich der Cavaliere, und klug genug, den Ort des gerings-
sten Widerstandes zum Angriffspunkt zu wählen, ließ er
die Tanzorgie durch jenen schwächlichen und zur Ent-
geisterung geneigten Jüngling einleiten, den er vorhin
schon stocksteif gemacht hatte. Dieser hatte eine Art,
sobald ihn der Meister nur mit dem Blicke anfuhr, wie
vom Blitz getroffen den Oberkörper zurückzuwerfen und,
Hände an der Hosennaht,[1] in einen Zustand von militäri-
schem Somnambulismus zu verfallen, daß seine Erbötigkeit zu jedem Unsinn, den man ihm auferlegen würde,
von vornherein in die Augen sprang. Auch schien er in
der Hörigkeit sich ganz zu behagen und seine armselige
Selbstbestimmung gern los zu sein; denn immer wieder
bot er sich als Versuchsobjekt an und setzte sichtlich
seine Ehre darein, ein Musterbeispiel prompter Entsee-
lung und Willenlosigkeit zu bieten. Auch jetzt stieg er
aufs Podium, und nur eines Luftstreiches der Peitsche
bedurfte es, um ihn nach der Weisung des Cavaliere dort
oben „Step" tanzen zu lassen, das heißt in einer Art von
wohlgefälliger Ekstase mit geschlossenen Augen und wie-

gendem Kopf seine dürftigen Glieder nach allen Seiten
zu schleudern.

Offenbar war das vergnüglich, und es dauerte nicht
lange, bis er Zuzug fand und zwei weitere Personen, ein
schlicht und ein gut gekleideter Jüngling, zu seinen beiden Seiten den „Step" vollführten. Hier nun war es, daß
der Herr aus Rom sich meldete und trotzig anfragte,
ob der Cavaliere sich anheischig mache, ihn tanzen zu
lehren, auch wenn er nicht wolle.

„Auch wenn Sie nicht wollen!" antwortete Cipolla in
einem Ton, der mir unvergeßlich ist. Ich habe dies fürch-
terliche „Anche se non vuole!" noch immer im Ohr.
Und dann also begann der Kampf. Cipolla, nachdem er
ein Gläschen genommen und sich eine frische Zigarette
angezündet, stellte den Römer irgendwo im Mittelgang
auf, das Gesicht der Ausgangstür zugewandt, nahm selbst
in einiger Entfernung hinter ihm Aufstellung und ließ
seine Peitsche pfeifen, indem er befahl: „Balla!"[1] Sein
Gegner rührte sich nicht. „Balla!" wiederholte der Cavaliere mit Bestimmtheit und schnippte. Man sah, wie der
junge Mann den Hals im Kragen rückte und wie gleichzeitig eine seiner Hände sich aus dem Gelenke hob, eine
seiner Fersen sich auswärts kehrte. Bei solchen Anzeichen einer zuckenden Versuchung aber, Anzeichen, die
jetzt sich verstärkten, jetzt wieder zur Ruhe gebracht
wurden, blieb es lange Zeit. Niemand verkannte, daß
hier ein vorgefaßter Entschluß zum Widerstande, eine
heroische Hartnäckigkeit zu besiegen waren; dieser Brave
wollte die Ehre des Menschengeschlechtes heraushauen,
er zuckte, aber er tanzte nicht, und der Versuch zog sich
so sehr in die Länge, daß der Cavaliere genötigt war,
seine Aufmerksamkeit zu teilen; hier und da wandte er
sich nach der Bühne und den dort Zappelnden um und
ließ seine Peitsche gegen sie pfeifen, um sie in Zucht zu
halten, nicht ohne, seitwärts sprechend, das Publikum
darüber zu belehren, daß jene Ausgelassenen nachher
keinerlei Ermüdung empfinden würden, so lange sie auch

tanzten, denn nicht sie seien es eigentlich, die es täten,
sondern er. Dann bohrte er wieder den Blick in den
Nacken des Römers, die Willensfeste zu berennen, die
sich seiner Herrschaft entgegenstellte.

Man sah sie unter seinen immer wiederholten Hieben
und unentwegten Anrufen wanken, diese Feste, – sah es
mit einer sachlichen Anteilnahme, die von affekthaften
Einschlägen, von Bedauern und grausamer Genugtuung
nicht frei war. Verstand ich den Vorgang recht, so unter-
lag dieser Herr der Negativität seiner Kampfposition.
Wahrscheinlich kann man vom Nichtwollen seelisch nicht
leben; eine Sache nicht tun wollen, das ist auf die Dauer
kein Lebensinhalt; etwas nicht wollen und überhaupt
nicht mehr wollen, also das Geforderte dennoch tun, das
liegt vielleicht zu benachbart, als daß nicht die Freiheits-
idee dazwischen ins Gedränge geraten müßte, und in
dieser Richtung bewegten sich denn auch die Zureden,
die der Cavaliere zwischen Peitschenhiebe und Befehle
einflocht, indem er Einwirkungen, die sein Geheimnis
waren, mit verwirrend psychologischen mischte. „Balla!"
sagte er. „Wer wird sich so quälen? Nennst du es Freiheit – diese Vergewaltigung deiner selbst? Una ballatina![1]
Es reißt dir ja an allen Gliedern. Wie gut wird es sein,
ihnen endlich den Willen zu lassen! Da, du tanzest ja
schon! Das ist kein Kampf mehr, das ist bereits das
Vergnügen!" – So war es, das Zucken und Zerren im
Körper des Widerspenstigen nahm überhand, er hob die
Arme, die Knie, auf einmal lösten sich alle seine Gelenke,
er warf die Glieder, er tanzte, und so führte der Cavaliere
ihn, während die Leute klatschten, aufs Podium, um ihn
den anderen Hampelmännern anzureihen. Man sah nun
das Gesicht des Unterworfenen, es war dort oben ver-
öffentlicht. Er lächelte breit, mit halbgeschlossenen
Augen, während er sich „vergnügte". Es war eine Art
von Trost, zu sehen, daß ihm offenbar wohler war jetzt
als zur Zeit seines Stolzes . . .

Man kann sagen, daß sein „Fall"[2] Epoche machte. Mit

ihm war das Eis gebrochen, Cipollas Triumph auf seiner
Höhe; der Stab der Kirke,[1] diese pfeifende Ledergerte
mit Klauengriff, herrschte unumschränkt. Zu dem Zeitpunkt, den ich im Sinne habe, und der ziemlich weit
nach Mitternacht gelegen gewesen sein muß, tanzten auf
der kleinen Bühne acht oder zehn Personen, aber auch
im Saale selbst gab es allerlei Beweglichkeit, und eine
Angelsächsin mit Zwicker und langen Zähnen war, ohne
daß der Meister sich auch nur um sie gekümmert hätte,
aus ihrer Reihe hervorgekommen, um im Mittelgang eine
Tarantella aufzuführen. Cipolla unterdessen saß in lässiger
Haltung auf einem Strohstuhl links auf dem Podium,
verschlang den Rauch einer Zigarette und ließ ihn durch
seine häßlichen Zähne arrogant wieder ausströmen. Fuß-
wippend und zuweilen mit den Schultern lachend blickte
er in die Gelöstheit des Saales und ließ von Zeit zu Zeit,
halb rückwärts, die Peitsche gegen einen Zappler pfeifen,
der im Vergnügen nachlassen wollte. Die Kinder waren
wach um diese Zeit. Ich erwähne sie mit Beschämung.
Hier war nicht gut sein, für sie am wenigsten, und daß
wir sie immer noch nicht fortgeschafft hatten, kann ich
mir nur mit einer gewissen Ansteckung durch die allgemeine Fahrlässigkeit erklären, von der zu dieser Nachtstunde auch wir ergriffen waren. Es war nun schon alles
einerlei. Übrigens und gottlob fehlte ihnen der Sinn für
das Anrüchige dieser Abendunterhaltung. Ihre Unschuld
entzückte sich immer aufs neue an der außerordentlichen
Erlaubnis, einem solchen Spektakel, der Soiree des Zau-
berkünstlers, beizuwohnen. Immer wieder hatten sie
viertelstundenweise auf unseren Knien geschlafen und
lachten nun mit roten Backen und trunkenen Augen von
Herzen über die Sprünge, die der Herr des Abends die
Leute machen ließ. Sie hatten es sich so lustig nicht
gedacht, sie beteiligten sich mit ungeschickten Händchen
freudig an jedem Applaus. Aber vor Lust hüpften sie
nach ihrer Art von den Stühlen empor, als Cipolla ihrem
Freunde Mario, Mario vom „Esquisito", winkte, – ihm

winkte, recht wie es im Buche steht, indem er die Hand
vor die Nase hielt und abwechselnd den Zeigefinger lang
aufrichtete und zum Haken krümmte. Mario gehorchte.
Ich sehe ihn noch die Stufen hinauf zum Cavaliere steigen,
der dabei immer fortfuhr, in jener grotesk-musterhaften
Art mit dem Zeigefinger zu winken. Einen Augenblick
hatte der junge Mensch gezögert, auch daran erinnere
ich mich genau. Er hatte während des Abends mit ver-
schränkten Armen oder die Hände in den Taschen seiner
Jacke im Seitengange an einem Holzpfeiler gelehnt, links
von uns, dort, wo auch der Giovanotto mit der kriegeri-
schen Haartracht stand, und war den Darbietungen, soviel wir gesehen hatten, aufmerksam, aber ohne viel
Heiterkeit und Gott weiß mit wieviel Verständnis gefolgt.
Zu guter Letzt noch zur Mittätigkeit angehalten zu werden, war ihm sichtlich nicht angenehm. Dennoch war
es nur zu begreiflich, daß er dem Winken folgte. Das
lag schon in seinem Beruf; und außerdem war es wohl
eine seelische Unmöglichkeit, daß ein schlichter Bursche
wie er dem Zeichen eines so im Erfolg thronenden
Mannes, wie Cipolla es zu dieser Stunde war, hätte den
Gehorsam verweigern sollen. Gern oder ungern, er
löste sich also von seinem Pfeiler, dankte denen, die,
vor ihm stehend und sich umschauend, ihm den Weg
zum Podium freigaben, und stieg hinauf, ein zweifelndes
Lächeln um seine aufgeworfenen Lippen.

Stellen Sie ihn sich vor als einen untersetzt gebauten
Jungen von zwanzig Jahren mit kurzgeschorenem Haar,
niedriger Stirn und zu schweren Lidern über Augen,
deren Farbe ein unbestimmtes Grau mit grünen und
gelben Einschlägen war. Das weiß ich genau, denn wir
hatten oft mit ihm gesprochen. Das Obergesicht mit der
eingedrückten Nase, die einen Sattel von Sommersprossen
trug, trat zurück gegen das untere, von den dicken Lippen beherrschte, zwischen denen beim Sprechen die
feuchten Zähne sichtbar wurden, und diese Wulstlippen
verliehen zusammen mit der Verhülltheit der Augen

seiner Physiognomie eine primitive Schwermut, die gerade der Grund gewesen war, weshalb wir von jeher
etwas übriggehabt hatten für Mario. Von Brutalität des
Ausdrucks konnte keine Rede sein; dem hätte schon die
ungewöhnliche Schmalheit und Feinheit seiner Hände
widersprochen, die selbst unter Südländern als nobel
auffielen, und von denen man sich gern bedienen ließ.

Wir kannten ihn menschlich, ohne ihn persönlich
zu kennen, wenn Sie mir die Unterscheidung erlauben
wollen. Wir sahen ihn fast täglich und hatten eine gewisse
Teilnahme gefaßt für seine träumerische, leicht in Geistes-
abwesenheit sich verlierende Art, die er in hastigem
Übergang durch eine besondere Dienstfertigkeit korri-
gierte; sie war ernst, höchstens durch die Kinder zum
Lächeln zu bringen, nicht mürrisch, aber unschmeich-
lerisch, ohne gewollte Liebenswürdigkeit, oder vielmehr:
sie verzichtete auf Liebenswürdigkeit, sie machte sich
offenbar keine Hoffnung, zu gefallen. Seine Figur wäre
uns auf jeden Fall im Gedächtnis geblieben, eine der
unscheinbaren Reiseerinnerungen, die man besser behält
als manche erheblichere. Von seinen Umständen aber
wußten wir nichts weiter, als daß sein Vater ein kleiner
Schreiber im Municipio und seine Mutter Wäscherin war.

Die weiße Jacke, in der er servierte, kleidete ihn
besser als das verschossene Complet[1] aus dünnem, ge-
streiftem Stoff, in dem er jetzt da hinaufstieg, keinen
Kragen um den Hals, sondern ein geflammtes Seidentuch,
über dessen Enden die Jacke geschlossen war. Er trat an
den Cavaliere heran, aber dieser hörte nicht auf, seinen
Fingerhaken vor der Nase zu bewegen, so daß Mario noch
näher treten mußte, neben die Beine des Gewaltigen,
unmittelbar an den Stuhlsitz heran, worauf Cipolla ihn
mit gespreizten Ellbogen anfaßte und ihm eine Stellung
gab, daß wir sein Gesicht sehen konnten. Er musterte
ihn lässig, herrscherlich und heiter von oben bis unten.

„Was ist das, ragazzo mio?"[2] sagte er. „So spät machen
wir Bekanntschaft? Dennoch kannst du mir glauben, daß

ich die deine längst gemacht habe . . . Aber ja, ich habe
dich längst ins Auge gefaßt und mich deiner vortreff-
lichen Eigenschaften versichert. Wie konnte ich dich
wieder vergessen? So viele Geschäfte, weißt du . . . Sag
mir doch, wie nennst du dich? Nur den Vornamen will
ich wissen."

„Mario heiße ich", antwortete der junge Mensch leise.

„Ah, Mario, sehr gut. Doch, der Name kommt vor.
Ein verbreiteter Name. Ein antiker Name, einer von
denen, die die heroischen Überlieferungen des Vaterlandes wach erhalten. Bravo. Salve!" Und er streckte
Arm und flache Hand aus seiner schiefen Schulter zum
römischen Gruß schräg aufwärts. Wenn er etwas be-
trunken war, so konnte das nicht wundernehmen; aber
er sprach nach wie vor sehr klar akzentuiert und geläufig,
wenn auch um diese Zeit in sein ganzes Gehaben und
auch in den Tonfall seiner Worte etwas Sattes und Paschahaftes,[1] etwas von Räkelei und Übermut eingetreten war.

„Also denn, mein Mario", fuhr er fort, „es ist schön,
daß du heute abend gekommen bist und noch dazu ein so
schmuckes Halstuch angelegt hast, das dir exzellent zu
Gesicht steht und dir bei den Mädchen nicht wenig
zustatten kommen wird, den reizenden Mädchen von
Torre di Venere . . . "

Von den Stehplätzen her, ungefähr von dort, wo auch
Mario gestanden hatte, ertönte ein Lachen, – es war der
Giovanotto mit der Kriegsfrisur, der es ausstieß, er stand
dort mit seiner geschulterten Jacke und lachte „Haha!"
recht roh und höhnisch.

Mario zuckte, glaube ich, die Achseln. Jedenfalls zuckte
er. Vielleicht war es eigentlich ein Zusammenzucken
und die Bewegung der Achseln nur eine halb nachträg-
liche Verkleidung dafür, mit der er bekunden wollte,
daß das Halstuch sowohl wie das schöne Geschlecht ihm
gleichgültig seien.

Der Cavaliere blickte flüchtig hinunter.

„Um den da kümmern wir uns nicht", sagte er, „er ist

eifersüchtig, wahrscheinlich auf die Erfolge deines Tuches
bei den Mädchen, vielleicht auch, weil wir uns hier oben
so freundschaftlich unterhalten, du und ich . . . Wenn er
will, erinnere ich ihn an seine Kolik. Das kostet mich
gar nichts. Sage ein bißchen, Mario: Du zerstreust dich
heute abend . . . Und am Tage bedienst du also in einem
Kurzwarengeschäft?"

„In einem Café", verbesserte der Junge.

„Vielmehr in einem Café! Da hat der Cipolla einmal
danebengehauen. Ein Cameriere[1] bist du, ein Schenke,
ein Ganymed,[2] – das lasse ich mir gefallen, noch eine
antike Erinnerung, – salvietta!"[3] Und dazu streckte der
Cavaliere zum Gaudium des Publikums aufs neue grüßend
den Arm aus.

Auch Mario lächelte. „Früher aber", flocht er dann
rechtlicherweise ein, „habe ich einige Zeit in Portoclemente in einem Laden bedient." Es war in seiner Bemer-
kung etwas von dem menschlichen Wunsch, einer Wahr-
sagung nachzuhelfen, ihr Zutreffendes abzugewinnen.

„Also, also! In einem Laden für Kurzwaren!"

„Es gab dort Kämme und Bürsten", erwiderte Mario
ausweichend.

„Sagte ich's nicht, daß du nicht immer ein Ganymed
warst, nicht immer mit der Serviette bedient hast? Noch
wenn der Cipolla danebenhaut, tut er's auf vertrauener-
weckende Weise. Sage, hast du Vertrauen zu mir?"

Unbestimmte Bewegung.

„Eine halbe Antwort", stellte der Cavaliere fest. „Man
gewinnt zweifellos schwer dein Vertrauen. Selbst mir,
ich sehe es wohl, gelingt das nicht leicht. Ich bemerke
in deinem Gesicht einen Zug von Verschlossenheit, von
Traurigkeit, un tratto di malinconia[4] . . . Sage mir doch",
und er ergriff zuredend Marios Hand, „hast du Kummer?"

„Nossignore!" antwortete dieser rasch und bestimmt.

„Du hast Kummer", beharrte der Gaukler, diese Bestimmtheit autoritär überbietend. „Das sollte ich nicht
sehen? Mach du dem Cipolla etwas weis! Selbstver-

ständlich sind es die Mädchen, ein Mädchen ist es. Du hast Liebeskummer."

Mario schüttelte lebhaft den Kopf. Gleichzeitig erklang neben uns wieder das brutale Lachen des Giovanotto. Der Cavaliere horchte hin. Seine Augen gingen irgendwo in der Luft umher, aber er hielt dem Lachen das Ohr hin und ließ dann, wie schon ein- oder zweimal während seiner Unterhaltung mit Mario, die Reitpeitsche halb rückwärts gegen sein Zappelkorps pfeifen, damit keiner im Eifer erlahme. Dabei aber wäre sein Partner ihm fast entschlüpft, denn in plötzlichem Aufzucken wandte dieser sich von ihm ab und den Stufen zu. Er war rot um die Augen. Cipolla hielt ihn gerade noch fest.

„Halt da!" sagte er. „Das wäre.[1] Du willst ausreißen, Ganymed, im besten Augenblick oder dicht vor dem besten? Hier geblieben, ich verspreche dir schöne Dinge. Ich verspreche dir, dich von der Grundlosigkeit deines Kummers zu überzeugen. Dieses Mädchen, das du kennst und das auch andere kennen, diese – wie heißt sie gleich? Warte! Ich lese den Namen in deinen Augen, er schwebt mir auf der Zunge, und auch du bist, sehe ich, im Begriffe, ihn auszusprechen . . . "

„Silvestra!" rief der Giovanotto von unten.

Der Cavaliere verzog keine Miene.

„Gibt es nicht vorlaute Leute?" fragte er, ohne hinunterzublicken, vielmehr wie in ungestörter Zwiesprache mit Mario. „Gibt es nicht überaus vorlaute Hähne, die zur Zeit und Unzeit krähen? Da nimmt er uns den Namen von den Lippen, dir und mir, und glaubt wohl noch, der Eitle, ein besonderes Anrecht auf ihn zu besitzen. Lassen wir ihn! Die Silvestra aber, deine Silvestra, ja, sage einmal, das ist ein Mädchen, was?! Ein wahrer Schatz! Das Herz steht einem still, wenn man sie gehen, atmen, lachen sieht, so reizend ist sie. Und ihre runden Arme, wenn sie wäscht und dabei den Kopf in den Nacken wirft und das Haar aus der Stirn schüttelt! Ein Engel des Paradieses!"

Mario starrte ihn mit vorgeschobenem Kopfe an. Er schien seine Lage und das Publikum vergessen zu haben. Die roten Flecken um seine Augen hatten sich vergrößert und wirkten wie aufgemalt. Ich habe das selten gesehen. Seine dicken Lippen standen getrennt.

„Und er macht dir Kummer, dieser Engel", fuhr Cipolla fort, „oder vielmehr, du machst dir Kummer um ihn . . . Das ist ein Unterschied, mein Lieber, ein schwerwiegender Unterschied, glaube mir! In der Liebe gibt es Mißverständnisse, – man kann sagen, daß das Mißverständnis nirgends so sehr zu Hause ist wie hier. Du wirst meinen, was versteht der Cipolla von der Liebe, er mit seinem kleinen Leibesschaden? Irrtum, er versteht gar viel davon, er versteht sich auf eine umfassende und eindringliche Weise auf sie, es empfiehlt sich, ihm in ihren Angelegenheiten Gehör zu schenken! Aber lassen wir den Cipolla, lassen wir ihn ganz aus dem Spiel, und denken wir nur an Silvestra, deine reizende Silvestra! Wie? Sie sollte irgendeinem krähenden Hahn vor dir den Vorzug geben, so daß er lachen kann und du weinen mußt? Den Vorzug vor dir, einem so gefühlvollen und sympathischen Burschen? Das ist wenig wahrscheinlich, das ist unmöglich, wir wissen es besser, der Cipolla und sie. Wenn ich mich an ihre Stelle versetze, siehst du, und die Wahl habe zwischen so einem geteerten Lümmel, so einem Salzfisch und Meeresobst[1] – und einem Mario, einem Ritter der Serviette, der sich unter den Herrschaften bewegt, der den Fremden gewandt Erfrischungen reicht und mich liebt mit wahrem, heißem Gefühl, – meiner Treu, so ist die Entscheidung meinem Herzen nicht schwer gemacht, so weiß ich wohl, wem ich es schenken soll, wem ganz allein ich es längst schon errötend geschenkt habe. Es ist Zeit, daß er's sieht und begreift, mein Erwählter! Es ist Zeit, daß du mich siehst und erkennst, Mario, mein Liebster . . . Sage, wer bin ich?"

Es war greulich, wie der Betrüger sich lieblich machte,

die schiefen Schultern kokett verdrehte, die Beutelaugen[1] schmachten ließ und in süßlichem Lächeln seine splittrigen Zähne zeigte. Ach, aber was war während seiner verblendenden Worte aus unserem Mario geworden? Es wird mir schwer, es zu sagen, wie es mir schwer wurde, es zu sehen, denn das war eine Preisgabe des Innigsten, die öffentliche Ausstellung verzagter und wahnhaft beseligter Leidenschaft. Er hielt die Hände vorm Munde gefaltet, seine Schultern hoben und senkten sich in gewaltsamen Atemzügen. Gewiß traute er vor Glück seinen Augen und Ohren nicht und vergaß eben nur das eine dabei, daß er ihnen wirklich nicht trauen durfte. „Silvestra!" hauchte er überwältigt, aus tiefster Brust.

„Küsse mich!" sagte der Bucklige. „Glaube, daß du es darfst! Ich liebe dich. Küsse mich hierher", und er wies mit der Spitze des Zeigefingers, Hand, Arm und kleinen Finger wegspreizend, an seine Wange, nahe dem Mund. Und Mario neigte sich und küßte ihn.

Es war recht still im Saale geworden. Der Augenblick war grotesk, ungeheuerlich und spannend, – der Augenblick von Marios Seligkeit. Was hörbar wurde in dieser argen Zeitspanne, in der alle Beziehungen von Glück und Illusion sich dem Gefühle aufdrängten, war, nicht gleich am Anfang, aber sogleich nach der traurigen und skurrilen Vereinigung von Marios Lippen mit dem abscheulichen Fleisch, das sich seiner Zärtlichkeit unterschob,[2] das Lachen des Giovanotto zu unserer Linken, das sich einzeln aus der Erwartung löste, brutal, schadenfroh und dennoch, ich hätte mich sehr täuschen müssen, nicht ohne einen Unterton und Einschlag von Erbarmen mit so viel verträumtem Nachteil, nicht ganz ohne das Mitklingen jenes Rufes „Poveretto!", den der Zauberer vorhin für falsch gerichtet erklärt und für sich selbst in Anspruch genommen hatte.

Zugleich aber auch schon, während noch dies Lachen erklang, ließ der oben Geliebkoste unten, neben dem Stuhlbein, die Reitpeitsche pfeifen, und Mario, geweckt,

fuhr auf und zurück. Er stand und starrte, hintüberge-
bogenen Leibes, drückte die Hände an seine mißbrauchten
Lippen, eine über der anderen, schlug sich dann mit den
Knöcheln beider mehrmals gegen die Schläfen, machte
kehrt und stürzte, während der Saal applaudierte und
Cipolla, die Hände im Schoß gefaltet, mit den Schultern
lachte, die Stufen hinunter. Unten, in voller Fahrt, warf
er sich mit auseinandergerissenen Beinen herum, schleu-
derte den Arm empor, und zwei flach schmetternde
Detonationen durchschlugen Beifall und Gelächter.

Alsbald trat Lautlosigkeit ein. Selbst die Zappler kamen
zur Ruhe und glotzten verblüfft. Cipolla war mit einem
Satz vom Stuhle aufgesprungen. Er stand da mit abweh-
rend seitwärtsgestreckten Armen, als wollte er rufen:
„Halt! Still! Alles weg von mir! Was ist das?!" sackte
im nächsten Augenblick mit auf die Brust kugelndem
Kopf auf den Sitz zurück und fiel im übernächsten seitlich
davon herunter, zu Boden, wo er liegen blieb, reglos,
ein durcheinandergeworfenes Bündel Kleider und schie-
fer Knochen.

Der Tumult war grenzenlos. Damen verbargen in
Zuckungen das Gesicht an der Brust ihrer Begleiter.
Man rief nach einem Arzt, nach der Polizei. Man stürmte
das Podium. Man warf sich im Gedränge auf Mario, um
ihn zu entwaffnen, ihm die kleine, stumpfmetallne, kaum
pistolenförmige Maschinerie zu entwinden, die ihm in
der Hand hing, und deren fast nicht vorhandenen Lauf das
Schicksal in so unvorhergesehene und fremde Richtung
gelenkt hatte. Wir nahmen – nun also doch – die Kinder
und zogen sie an dem einschreitenden Carabinierepaar
vorüber gegen den Ausgang. „War das auch das Ende?"
wollten sie wissen, um sicher zu gehen . . . „Ja, das war
das Ende", bestätigten wir ihnen. Ein Ende mit Schrek-
ken, ein höchst fatales Ende. Und ein befreiendes Ende
dennoch, – ich konnte und kann nicht umhin, es so zu
empfinden!

NOTES

page

3   1 **Wirsing-Koteletts:** 'mock cutlets'; meatless rissoles, made with (savoy) cabbage as their chief ingredient.

  2 **Berechtigungsschein:** 'certificate of fitness for a graduating course'.

  3 **Xaver Kleinsgütl:** The names of the servants – Xaver Kleinsgütl and the two sisters Hinterhöfer – suggest that the scene of the story is laid in Bavaria; this is borne out by Xaver's Bavarian dialect: cf. p. 38, notes 3 to 6.

  4 **er gleicht . . . sogar auffallend seinem Vater:** Observe how in this parenthesis the author contrives to tell us, unobtrusively and by implication, that Professor Cornelius is a man of distinguished appearance.

4   1 **davonschiebt:** colloquial; cf. English 'push off'.

  2 **Mushiks:** 'moujiks', i.e. Russian peasants. The comparison is suggested by the two young men's usual attire, but perhaps its implications go further. Russia is the cradle of Bolshevism, a movement pledged to liquidate the cultured *bourgeoisie* to which Professor Cornelius belongs, and it is worth noting that later on in the story Xaver is described as 'a revolutionary servant, a prepossessing Bolshevik'.

  3 **einer in Flor stehenden Kino-Diva:** 'of a popular film star'.

  4 **,die Urgreise':** This is an example of the playfully extravagant use of language which is characteristic of the rising generation. The two elements of this odd compound both mean the same thing, and both have

the force of superlatives. (*Ur-* means 'very ancient,
original, primitive' – cf. such words as *Urzeit, Urahn,
Urgeschichte* – and *Greis* means 'a very old man'.) By
joining them, an effect of grotesque exaggeration is
produced.

5 1 **laß dich nun sanft gemahnen, denn sicher hast
du's verdrängt:** another instance of verbal bizar-
rerie. In this case the humorous effect derives from
the contrast between the two parts of the sentence:
the first part is affectedly archaic, whereas the Freudian
term *verdrängt* ('repressed', 'inhibited') makes the
concluding clause sound aggressively modern.

2 **Gänsehüpfen:** a facetious expression meaning 'an in-
formal dance', 'a hop'.

3 **mit verlängerter Miene:** As his daughter rightly sur-
mised, the Professor had in fact 'repressed' the thought
of the party, and his face falls when he is reminded of it.

4 **einlaufen:** This verb usually refers to the arrival of
ships, trains, or mail; it is here used eccentrically, in
a context in which it would not normally occur.

5 **des Staatstheaters:** The reference to a State Theatre
suggests a capital city. Considered in conjunction
with the Bavarian names and the Bavarian speech of
the servants, this points to Munich, the town in which
the author made his home for many years.

6 1 **die Herzenspein der Altvorderen:** With ironical
detachment, Thomas Mann uses archaising, quasi-
poetic language to produce a burlesque effect. The
parents' worries are presented in terms of domestic
comedy.

2 **frei von nachweisbarer Ironie:** The Professor's
gesture is, of course, meant ironically, but the irony
is not 'demonstrable', and his unspoken comment
therefore cannot be challenged.

3 **stud. ing.:** student of engineering.

4 **kraft des leidlich den Umständen angepaßten
Millionengehalts:** In order to adjust the Professor's
salary to the inflationary situation, it has been 'raised'
to a figure running into millions of devalued marks.

The prices mentioned in the story give some indication of the general price level: an egg costs 6000 marks, a bottle of light ale 8000 marks. The rapid devaluation of the German currency in the early twenties reached its nadir in the autumn of 1923; by that time the purchasing power of the German mark had sunk to one billionth part of what it had been before 1914.

5 **Ordinarius**: the holder of an established Chair and the principal teacher of his subject in a German university, as distinct from an *Extraordinarius* ('associate professor').

7 1 **einem Rotwelsch voller Redensartlichkeit**: 'a special argot full of current slang'.

2 **nach dem italienischen Salat**: a cold dish of chopped meat, anchovies, eggs, and onions, with oil and seasoning.

9 1 **,Themata'**: The more usual plural form, especially in ordinary conversation, would be *Themen*; *Themata* sounds a trifle pedantic.

10 1 **ein recht labiles und reizbares Nervensystem**: In the following passage from Thomas Mann's idyll *Gesang vom Kindchen*, the author says something similar about his baby daughter:

Und du wurdest empfangen, wurdest ausgebildet
In ungeheuren Zeiten. Qualvoll wälzte die Welt sich
Um, es strömte Blut, jede Brust war bedrängt, den Gedanken
Hetzte die Not. Du freilich warst noch vorm Tage geborgen,
Kindchen, tiefere Stufen durchlaufend in stiller Entfaltung.
Aber es brandete schütternd die Zeit an deine Gefriedung;
In dein Werden pulste der Krampf hinein eines Erdteils.

11 1 **zum Lesen und Fernsehen abgeteilte Gläser**: 'bifocal lenses'.

12 1 **es war Liebe auf den ersten Blick**: Compare the first quotation from *Gesang vom Kindchen* in the Introduction.

**12 2 daß er unbewußt dennoch darauf vorbereitet
oder richtiger : dafür bereitet gewesen ist :** 'that
unconsciously he was nevertheless prepared for it, or,
more correctly, ready for it'. There is a closely
parallel passage in *Gesang vom Kindchen* :

Töchterchen, sieh, so war ich im Herzen gestimmt und
bereitet,
Dich zu empfangen aus dem Schoß des organischen
Dunkels,
Das dich treulich gehegt und genauestens fertig gebildet
Nach den Gesetzen der Art. Nicht wußt' ich schon, daß
ich dich liebte.

**3 eine Stimmung, die den Nerven eines Geschichts-
professors weit mehr zusagt als die Frechheiten
der Gegenwart :** A brief extract from an essay by
the former Regius Professor of Modern History in the
University of Cambridge provides a gloss on the secret
thoughts that pass through Dr Cornelius's mind :

The motive of history is at bottom poetic. The patient
scholar, wearing out his life in scientific historical re-
search, and the reader more idly turning the pages of
history, are both enthralled by the mystery of time, by
the mutability of all things, by the succession of the ages
and generations. . . .
Our own daily affairs, political and social, we approach
with strong prejudices, with ignorance or onesided knowledge of the issues, and with no knowledge at all of what
is going to be the outcome. To remedy this, the reading
of history instils into us the habit of surveying broad-
mindedly and calmly the pageant and process of human
affairs. (G. M. Trevelyan, *History and the Reader*, London,
1945, pp. 18 and 23.)

**13 1 Opposition gegen die geschehende Geschichte
zugunsten der geschehenen, das heißt des
Todes :** Compare the second quotation from *Gesang
vom Kindchen* in the Introduction.

**2 daß ihnen gewisse wissenschaftliche Einsichten
. . . auch nicht ganz fremd sind :** The expression
wissenschaftliche Einsicht(en), occurring twice in quick
succession, forms a link between this passage and the
preceding paragraph. The Professor's two elder children appear to him to embody the spirit of the age –

its restlessness, its disorder, its rebellious mood, its lack of direction. They have grown away from him and now live a life of their own, in conscious opposition to the older generation. His feelings for Lorchen, on the other hand, and hers for him, are (so far) completely satisfying; they have not yet been invaded by the disruptive forces of adolescence or by the strident claims of a strange new world. As he fondles his little daughter, he eyes Bert and Ingrid suspiciously: are they perhaps aware, he wonders, that in indulging his affection for Lorchen he is, in a sense, dissociating himself from them, siding with the past against the turbulent life of the present?

15 1 **daß Gott ... fünf gern einmal gerade sein lasse:** 'that God will gladly stretch a point once in a while'. 'Wer die ungerade Zahl 5 eine gerade Zahl sein läßt, nimmt es rechnerisch nicht genau' (Heinz Küpper, *Wörterbuch der deutschen Umgangssprache*, Hamburg, 1955; s.v. *fünf*).

2 **entziffern:** she means *entwickeln*.

16 1 **Pfief:** instead of *Pfiff*, for the sake of the rhyme.

2 **Kümmerling:** 'cucumber'; derived, by popular etymology, from Latin *cucumis, -eris*.

17 1 **Brustentzündung, Blutentzündung, Luftentzündung:** While the names which Lorchen gives to the birds in her picture-book are purely imaginary, her medical vocabulary is obviously derived from terms mentioned in the conversation of her elders, though she does not always remember them accurately. *Luftentzündung* may be an echo of *Luftröhrenentzündung* (bronchitis, tracheitis); *Blutentzündung* may be a corruption of *Blutvergiftung*, formed by analogy with the other two words.

18 1 **etwas strizzihaftes:** *Strizzi*, an Austrian slang word, might nowadays be translated as 'spiv' or 'wide boy'.

19 1 **um eine Summe Geldes ... in Lebensmittel umzusetzen:** The vicious spiral of rising prices and wages is reducing the purchasing power of the coun·

try's currency more and more rapidly. It is therefore inadvisable to keep any considerable sum of money even for a few days. A growing volume of money is chasing a diminishing supply of goods, which in turn increases the inflationary pressure.

2 **im Macaulay**: The origin of the National Debt is described – very graphically and entertainingly – in the nineteenth chapter of Macaulay's *History of England from the Accession of James II.*

3 **sein Ordinariat**: his Chair. Cf. Note 5 to p. 6.

20 1 **eine Kippschüssel**: a wash-hand basin which can be tipped up and thus emptied. The swivel joint (*Gelenk*) by which it was suspended above the waste-pipe (*Ablauf*) is now broken.

21 1 **heiter-rücksichtsvoll nach außen . . . und eine gute Brustwehr für ihn selber**: The Professor looks forward to the party with mixed feelings. There is an element of pleasurable anticipation; on the other hand, he dreads any domestic upheaval that interferes with his normal routine. The conventionally polite formula which he proposes to use – 'Please don't let me interrupt you' – is meant to sound cheerful and considerate; at the same time it will safeguard his freedom of action, for it implies that he wishes to be regarded as a mere onlooker, at liberty to withdraw when he likes.

2 **Marées-Kopie**: Hans von Marées (1837-1887), a neo-classical painter of some note.

3 **weiches Holz**: 'deal' (not hardwood, which would have been more expensive).

4 **mit weißem plissierten Schulterüberfall**: 'with a deep white pleated collar' (what used to be called a 'bertha').

22 1 **Germania**: personification of Germany, pictured (e.g. on pre-1914 stamps and bank-notes) as a female figure of generous proportions.

2 **Schlot**: a slang term of (playful) abuse; 'cad', 'scoundrel'.

22   3 **Cornelia:** From 'Cornelius' Max jokingly derives the Latin feminine.

    4 **einen kleinen sprachlichen Scherz:** The joke, such as it is, consists in a deliberate departure from common usage. Though the noun *Nachzügler* (a straggler, one who trails behind) is in common use, the verb *nachzügeln* is not. It is true that J. and W. Grimm's *Deutsches Wörterbuch* lists it and gives two examples from nineteenth century writers, G. G. Gervinus and J. V. von Scheffel, both of whom use the present participle *nachzügelnd*; but the finite form used by Max Hergesell sounds ludicrous. Historically the words *ziehen/Zug* and *Zügel/zügeln* all go back to the same Germanic and Indo-European root (Germ. *tuh*, I.-E. *duk*; cf. E. 'tug'); there is, however, a clear distinction in meaning: *zügeln* (to curb, to rein in) denotes a special and limited instance of the general notion of *ziehen*. Semantically, *Nachzügler* belongs to *ziehen/Zug*, and has nothing to do with *zügeln*. *Nachzügeln* might perhaps be described as a defective verb (both in the technical and in the more general sense of the word), the finite forms of which are not used – except facetiously, by wags like Max.

    5 **Ausgerechnet Bananen:** the German title of an early jazz tune (the English title being 'Yes, we have no bananas') which was immensely popular for a time. While the craze lasted, the two words tended to be automatically linked in many people's minds: wherever *ausgerechnet* was appropriate, *Bananen* was irrelevantly inserted, as in this case. *Ausgerechnet heute:* 'it would have to be today', 'today of all days'.

23   1 **verblendeterweise:** The use, in a trivial context, of a word like *verblendet*, with its associations of tragic irony (cf. for instance *Wallensteins Tod*, IV, 1:

> Du hast die alten Fahnen abgeschworen,
> Verblendeter, und traust dem alten Glück!)

is yet another example of the extravagant language affected by the young generation.

    2 **Kiste:** 'affair' (slang).

23 3 **Deckenkörper:** 'a ceiling light'. *-körper* in this compound is short for *Beleuchtungskörper*.

4 **ein Wandervogeltyp:** *Wandervogel* was the name of an association (founded in 1901) of young people who advocated a natural, open-air life, insisted on wearing simple, unconventional clothes, and spent their weekends and holidays camping and going for long walking tours. They took a special interest in folk-song and folk-dancing. This group with its growing membership became the vanguard of the German 'Youth Movement', a widespread reaction against the artificiality of an urban and mechanised civilisation.

24 1 **den ‚Herrn':** in the sense of 'young gentleman'.

2 **eine Urform:** 'an archetype'.

25 1 **berückt, beglückt und entzückt:** Note the jingle – a prelude to the description of Herzl's impossibly affected and stagy behaviour.

27 1 **Mappentisch:** a table on which folders with illustrated papers and magazines (*Lesemappen*) are kept.

28 1 **Shimmy-Schritte:** Shimmy is defined by the *Concise Oxford Dictionary* as 'a kind of fox-trot accompanied by tremulous motions of the body'.

29 1 **ein Bettlerlied:** The song is about a beggar-woman who proposes to go on a pilgrimage (*kirfarten* is a Bavarian and Austrian variant of *kirchfahrten*) and about the beggar-man (*Mandl* is a Bavarian and Austrian diminutive of *Mann*) who wants to accompany her (*a* is dialectal for *auch*).

30 1 **den Hanswursten zu spielen:** 'to play the fool'. *Hanswurst* is a traditional comic figure. The name appears, early in the sixteenth century, in a Low German version of Sebastian Brant's *Narrenschiff*. Luther used it in his diatribe against Duke Heinrich of Brunswick-Wolfenbüttel, *Wider Hans Worst*, which contains the following definition: ' . . . du weissest wol, das dis wort "Hans Worst" nicht mein ist, noch von mir erfunden, Sondern von andern leuten gebraucht wider die groben tolpel, so klug sein wollen, doch ungereimbt und ungeschickt zur sachen reden

und thun.' This popular character of the clown sur-
vived, in varying guises, throughout the seventeenth
and eighteenth centuries, and indeed well into the
nineteenth: as Pickelhering in the performances of
the English strolling players, as Harlekin in imitations
of the Italian *commedia dell'arte* and elsewhere (cf.
Lessing's comment on the solemn banishment of Harlekin from the serious stage in Gottsched's day;
Literaturbriefe, 17th Letter), and as Kasperl in Vien-
nese farces. The central figure of Austrian puppet-
shows (*Kasperltheater*) is a direct descendant of Hanswurst.

The case-form used here is odd; one would expect
den Hanswurst.

2 **mit mehr Fonds vielleicht als ...Möller**: 'who has
perhaps more in him than Möller'.

31 1 **Anrichte**: 'pantry'.

2 **süffisant**: 'self-satisfied, supercilious'.

32 1 **und von dem Dornbusch nicht Feigen verlangen**:
Cf. St. Luke vi, 44: 'For of thorns men do not gather
figs, nor of a bramble bush gather they grapes'; also
St. Matthew vii, 16: 'Do men gather grapes of thorns,
or figs of thistles?'

2 **der gelösten Zeit**: 'of this dissolute age'.

3 **,Festordner'**: 'master of ceremonies'.

34 1 **erhöhte Wangen**: 'flushed cheeks'.

2 **exerzierend**: 'with a sharply accented beat', 'in
strict tempo'.

35 1 **,Tröste dich, mein schönes Kind'**: the title of a
contemporary song hit.

36 1 **dienert**: 'bows'.

2 **sie drücken wie Karl der Große**: the kind of re-
mark that is meant to amuse by its sheer absurdity.
The element of surprise – an essential feature of all
forms of humour – is here provided by a completely
irrelevant and nonsensical comparison. Cf. such ex-
pressions as 'like one o'clock, like fun, like nobody's
business'.

38 1 **das Gescharr:** By scraping their feet, students at a
lecture express disagreement or disapproval.

2 **frisch-fromm-fröhliche Entschlossenheit:** an allusion to the motto of the 'Deutsche Turnerschaft'
(German   Gymnasts'   League),   'frisch,   fromm,
fröhlich, frei', which is here intended to suggest a
state of mind not sicklied o'er with the pale cast of
thought.

3 **gehen S' nur glei nauf zum Lorchen. Die hat's:**
glei is a clipped dialectal form of *gleich*. *Nauf = hinauf.*
Die hat's is elliptical for *Die hat's erwischt*: 'she has
copped it', 'she has got it badly'.

4 **net:** South German for *nicht*.

5 **heftik:** In the dialects of Austria and Bavaria, the final
sound of words like *heftig* is a (soft) voiceless plosive.

6 **Es is zwegn den Herrn, der wo mit ihr tanzt hat,
den Frackjacketen . . . Net weg hat s' mögn
von der Diele um kein Preis net:** A good sample
of broad Bavarian. *Der wo* is a vulgar form of relative
connection; *Frackjacketen* is a grotesquely expressive
way of describing the wearer of a dinner jacket. Note
the triple negative in the second sentence.

40 1 **der gnädigen Frau:** the lady of the house.

2 **die Gesunkenheit:** a rather unattractive coinage;
'loss of caste'.

41 1 **uhngemein lepphaft:** Both her grammar (*es verhält
sich an dem* is wrong, the correct forms being *es ist an
dem* or *as verhält sich so*) and her pronunciation (the
lengthening of the prefix *un-* and especially the shor-
tening of the *e* in *lebhaft*) show Anna to be an un-
educated speaker.

2 **um der dicken, ausgewachsenen, vollberechtigten Plaichinger willen:** 'because of the fat, fully
grown, fully privileged Plaichinger girl'.
   The Professor's feelings are strangely mixed. He is
jealous of Max, the intruder, the usurper of his little
girl's affection; at the same time, and paradoxically,
he thinks of Miss Plaichinger as Lorchen's successful

rival – successful, not because she is more attractive, but merely because she has the advantage of belonging to the right age-group – and he resents her success. Hence the repeated and almost vicious references to her outsize figure.

42 1 **von den beschämenden Schrecken der recht- und heillosen Leidenschaft:** This phrase – 'the humiliating terrors of a lawless and disastrous passion' – states one of Thomas Mann's favourite themes. It recalls, e.g., the undersized hero of one of his earliest stories, *Der kleine Herr Friedemann*, hopelessly in love with a married woman who is as callous as she is alluring; or Gustav von Aschenbach in *Der Tod in Venedig*, whose life is wrecked by his furtive, morbid adoration of the Polish boy Tadzio; or the mad and increasingly shameless desire of Potiphar's wife for the unresponsive young hero of *Joseph in Ägypten*.

2 **Schwanenritter:** a reference to Lohengrin, the knight of the Holy Grail, who arrives miraculously in a boat drawn by a swan to protect the young Duchess Elsa of Brabant from the evil designs of her enemies. The story is briefly told in the concluding Canto of Wolfram von Eschenbach's *Parzival*. (Parzival, the King of the Grail, is Lohengrin's father.). It forms the subject of one of Richard Wagner's earlier operas.

43 1 **Damit sie nicht . . . auf ihrem Bette weinend sitzt die kummervollen Nächte:** an allusion to one of the sad songs sung by the mysterious old Harper in Goethe's novel *Wilhelm Meisters Lehrjahre* (Book II, chapter 13):

> Wer nie sein Brot mit Tränen aß,
> Wer nie die kummervollen Nächte
> Auf seinem Bette weinend saß,
> Der kennt euch nicht, ihr himmlischen Mächte!

2 **‚Tröste dich, mein schönes Kind!':** Max is quoting again – this time the title of the tune to which he was dancing with plump Miss Plaichinger while Lorchen was vainly trying to claim him as her partner.

43 3 **Loreleyerl:** a dialectal diminutive of *Lorelei*. Max cannot resist a joke at Lorchen's expense, even to the point of taking liberties with her name in order to drag in a totally irrelevant allusion. Lorchen in the throes of her early sorrow does not in the least resemble the demonic woman whom we meet in Brentano's *Lore Lay*, in Heine's *Ich weiß nicht, was soll es bedeuten*, or in Eichendorff's *Waldgespräch* – the bewitching temptress who lures men to their death.

MARIO UND DER ZAUBERER

49 1 **Torre di Venere:** The names of Torre di Venere ('Tower of Venus'), the seaside resort which provides the setting of the story, and of the neighbouring town of Portoclemente, which is described as a holiday centre of international renown, do not appear in gazetteers of the Tyrrhenian littoral; evidently the author did not wish to locate his tale in any identifiable place. The fictitious names are formed on the analogy of genuine ones, such as Portovenere, Torre del Greco, Porto Clementino.

2 **Cipolla** is the Italian word for 'onion'. The magician's name is in keeping with his grotesque manner and appearance.

It is perhaps worth noting that in one of the stories in Boccaccio's *Decamerone* (Giornata VI, Novella 10), a friar named Cipolla – a great talker and a man of ready wit: *ottimo parlatore e pronto* – contrives to impress the unsuspecting citizens of Certaldo (Boccaccio's native town) with a spurious relic.

Observe how the first paragraph of *Mario* sets the key and at the same time provides an epitome of the whole story. (See *addendum* on page 128.)

3 **die Kinder:** The names of the two children are never mentioned. Their real-life prototypes are the two youngest members of Thomas Mann's family of six: Elisabeth, born 1918 (who appears as 'Lorchen' in *Unordnung und frühes Leid*) and Michael, born in 1919.

4 **Portoclemente:** see note 1 above.

49 5 **Capannen:** 'bathing-huts'.

6 **Burgen:** 'sand-castles'.

7 **des unverweltlichten Elementes:** 'of unprofaned nature'. The element referred to is the sea (and the sea-shore); *unverweltlicht:* not yet overrun by crowds of tourists, unspoilt.

50 1 **Marina Petriera:** another fictitious name. *Marina* corresponds to '———-on-Sea'. There are many place-names of this type along the coasts of Italy.

2 **Pineta-Gärten:** 'pine-groves'.

3 **Cornetti al burro:** 'buttered rolls' (of crescent shape).

51 1 **in vollem Flor:** 'in full swing', 'at its height'.

2 **die Musikkapellen . . . fallen einander wirr ins Wort:** The phrase *ins Wort fallen*, 'to interrupt', which normally applies to the sphere of conversation, is here transferred to a different context; the bands in the various cafés are all playing simultaneously, the strains of each interfering with all the others.

3 **Fiat-Wagen:** *Fiat* is the well-known Italian firm of motor manufacturers.

4 **Schattentücher:** 'awnings', 'sunshades'.

52 1 **Pranzo:** 'dinner'.

2 **Verandaklienten:** note the ironical effect of this compound noun: 'the veranda clientele'.

53 1 **des bekannten Gehrockmanagers:** The frock-coated manager is here mentioned for the first time; *bekannt* therefore does not refer to the individual but to the type: 'typical'.

2 **kommt:** Note the change of tense, and the effect of the historic present.

54 1 **der Duse:** Eleonora Duse (born at Vigevano in 1859, died at Pittsburgh in 1924) was regarded by many as the greatest tragic actress of her day. She helped Gabriele d'Annunzio to win a name for himself as a dramatist by appearing in his plays.

2 **stakkiertem:** 'staccato'.

55 1 ging ... uns ... nach: 'rankled'.

2 aufgehöht: 'touched up' (with coral lipstick),
'rouged'.

3 sich unserer bedenklichen Nähe nicht vermutend
war: 'who was unaware of our disquieting presence'.
This construction, a survival of an old usage, is now
felt to be obsolete. In Middle High German and
Early New High German it was frequently used to
indicate a continuing action, like the progressive form
in English. Later on the semantic distinction between
the periphrastic form (*sein* with the present participle)
and the simple tense disappeared, and the periphrastic
construction fell out of use, except for occasional
instances with the verb *vermuten*; cf. Lessing's *Emilia
Galotti*, II, 7: 'Ich war mir Sie in dem Vorzimmer
nicht vermutend'; or Schiller's *Don Carlos*, V, 10:
'Ich war mirs nicht mehr vermutend'.

56 1 **die Sonne Homers:** This expression occurs in the
concluding line of Schiller's poem *Der Spaziergang*:

Und die Sonne Homers, siehe! sie lächelt auch uns.

Thomas Mann here makes humorous use of literary
allusion. The quotation, calling to mind a noble and
famous line of poetry, stands cheek by jowl with the
offhand and depreciatory 'und so weiter', which pro-
duces an effect of deliberate bathos.

2 **etwas wie Verachtung:** There is a closely parallel
passage in one of Thomas Mann's earlier stories, *Tonio
Kröger* (1903). The hero, a northerner like Thomas
Mann himself, views the vaunted glories of Italy with
the same kind of dissatisfaction. When asked by a
friend whether he is thinking of going back to Italy
for a holiday, he replies:

Gott, gehen Sie mir doch mit Italien, Lisaweta! Italien
ist mir bis zur Verachtung gleichgültig! ... Kunst, nicht
wahr? Sammetblauer Himmel, heißer Wein und süße
Sinnlichkeit ... Kurzum, ich mag das nicht. Ich ver-
zichte. Die ganze *bellezza* macht mich nervös. Ich mag
auch alle diese fürchterlich lebhaften Menschen dort
unten mit dem schwarzen Tierblick nicht leiden.

3 **Sie haben recht:** This paragraph, like the opening

sentence of the following one, suggests lively conversational exchanges between the narrator and his
audience. Here he replies to an unspoken comment
or criticism.

4 **Wohlschaffenheit**: 'shapeliness'.

57 1 **Ungedecktheit**: *ungedeckt*: 'full-throated'.

2 **Rispondi al mèno!**: 'Can't you answer me?' (Literally,
'Answer me, at least!'.) The mother's pronunciation
of the 'sp' in *rispondi* with a voiceless palato-alveolar
fricative is a vulgarism which further irritates the
narrator.

3 **das antikische Heldenjammergeschrei**: In order to
conform to the popular notion of a hero in our own
day, a man must be able to suffer in silence, like the
dying wolf in A. de Vigny's poem: 'Gémir, pleurer,
prier, est également lâche.' The heroes of antiquity,
on the other hand, are often represented as giving
vent to feelings of anguish. Lessing stresses this point
in his *Laokoon*, Section I: 'Homers verwundete Krieger
fallen nicht selten mit Geschrei zu Boden . . . selbst
der eherne Mars, als er die Lanze des Diomedes fühlet,
schreiet so gräßlich, als schrieen zehntausend wütende
Krieger zugleich' ; and in Section IV he quotes Vergil's
description of Laocoon, who roars like a wounded
bull. Cf. *Aeneid*, Book II, ll. 222ff:

> Clamores simul horrendos ad sidera tollit:
> Qualis mugitus, fugit cum saucius aram
> Taurus et incertam excussit cervice securim.

58 1 **prästierte**: 'displayed'.

59 1 **Schniepel**: 'tail-coat', 'morning coat' (colloquial and
humorous).

2 **Melonenhut**: 'bowler hat' (slang).

3 **Philippika**: 'philippic', 'tirade'.

60 1 **diese Suade**: 'this flow of eloquence'.

2 **Municipio**: 'town hall'.

61 1 **landsmannschaftlich**: 'as compatriots'.

2 **Jener Gestrenge**: *gestreng* in the sense of *streng*
('severe', 'strict') is obsolescent. At one time it was

used as a polite formula in addressing members of the
(lower) aristocracy, as in the following example (from
a letter written by Cyriakus Spangenberg, a sixteenth
century divine): 'Dem Gestrengen und Ehrnvesten
Johann von Hildesheim, Obersten, Hauptman auff
Steckelberg . . . Gottes Gnade sampt Wünschung alles
gutten zuvor. Gestrenger und Ehrnvester Herr Ober-
ster, besonder gönner und freund.'

Here, with reference to the fellow in the bowler
hat, the historical overtone adds a further touch of
irony.

62 1 **Ortsdämon:** *genius loci.*
    2 **Sciroccoschwüle:** *Scirocco* is a sultry wind from the
      Sahara.
    3 **Cavaliere:** 'knight'. Cipolla claims to belong to the
      Italian gentry.
    4 **Forzatore:** 'a strong man'. The term, like the whole
      text of Cipolla's announcement, is intended to
      camouflage the nature of his performance.

63 1 **Sala:** 'hall'.

64 1 **autochthone:** 'native'.
    2 **Volkstümlichkeit:** normally 'popularity'; here it is
      used in the sense of 'the local populace'.
    3 **Frutti di mare:** mussels, oysters, shrimps, prawns,
      crabs, and the like.
    4 **ihre italienischen Brocken:** 'their smattering of
      Italian'.

65 1 **Pronti!:** '(We are) ready!'
    2 **Cominciamo!:** 'Let us start!'

66 1 **zerrüttetem:** 'ravaged'.
    2 **Pelerine:** normally 'a cape', 'a cloak'; here it evi-
      dently means a kind of hood, lined with satin.

67 1 **in seinem Gesamthabitus:** 'in his whole appearance'.
    2 **mit ebenso erstaunlicher wie beiläufiger
      Geschicklichkeit:** 'with a dexterity as amazing as it
      was casual'.

68 1 **Regie:** state (tobacco) monopoly.
    2 **Buona sera!:** 'good evening!'

68 3 **Paura, eh?:** 'scared, eh?'

69 1 **Bè:** an interjection which serves to express many shades of meaning in Italian, like 'well' in English.

   2 **Ha sciolto lo scilinguagnolo:** He has the gift of the gab (literally 'he has loosed the ligament of his tongue').

   3 **Giovanotto:** diminutive of *giovane* (young man): 'my lad'.

   4 **was du nicht wolltest? Was nicht du wolltest?:** Observe how the change in the word order affects emphasis and meaning: in the first sentence the stress is on *nicht*; in the second on *du*.

   5 **sistema americano, sa':** The 'American system' in industry eliminates waste of effort and thus achieves efficiency by subdividing the manufacturing process, assigning different phases to different workers.
   Sa' (clipped form of *sai*): 'you know'.

70 1 **kippte es:** 'tossed it off'.

71 1 **das Wortspiel:** The pun lies in the double meaning of *lingua* ('tongue', both in the literal and in the figurative sense).

   2 **Corriere della Sera:** a well-known and influential Italian newspaper.

72 1 **donnaiuolo:** 'lady-killer', 'philanderer'.
   2 **Parla benissimo:** 'he speaks very well'.

73 1 **Simpatico:** 'nice', 'attractive'.

   2 **Humbugschärpe:** cf. the earlier reference to Cipolla's sash and the narrator's comments (p. 68), which prepare the way for the humorous effect achieved here by a compound noun formed *ad hoc*.

   3 **eine Art Hüft- und Gesäßbuckel:** Cipolla's deformity is presumably due to a lateral curvature of the spine (scoliosis), which has affected his pelvis as well as his chest.

75 1 **Mit plumpen Tritten:** like elephants. Later on the two young men are referred to as 'the two illiterate pachyderms'.

76 1 **Elementarwissenschaften**: the three Rs.

77 1 **Aber sieh ein bißchen!**: 'Well, look who's here!'
This is not very idiomatic German; it may be intended
to suggest the Italian *guarda un po*.

2 **non scherziamo!**: 'This is not a joking matter, now!'

78 1 **Leibwickel**: a wet cloth applied to the abdomen,
covered with a waterproof bandage; 'a compress'.

80 1 **Null, null**: the sign 'oo' often appears on lavatory doors.

2 **Die fünfstellige Summe**: Something appears to have
gone wrong with the author's arithmetic in this description of Cipolla's experiment. If the total which
Cipolla had written up on the blackboard beforehand
approximated to 'a million' (as we are told at the end
of this paragraph), it may be assumed to have been
somewhere in the region of 800,000 or 900,000: it
must therefore have had six digits, not five. But
could the result of the addition have been a number of
that order? We are told (at the beginning of this
paragraph) that 'about fifteen numbers' of varying
magnitude had to be added up – numbers with two,
three, or four digits. (Some of the four-digit ones
were dates from Italian history, and could therefore
not exceed 1929.) Even assuming that 'about fifteen'
means 'anything up to twenty', and that several of the
four-figure numbers were in the highest possible range
(i.e. between, say, 9,500 and 9,999), the total would
still be short of 100,000.

This points to the conclusion that the reference to
'a million' at the end of the paragraph is a slip, and
that 100,000 should be substituted.

82 1 **aus den anderen Spezies**: i.e., subtraction, multi-
plication, and division.

2 **das Ingenium**: cleverness.

3 **im Unterirdischen** here means 'inarticulate'.

83 1 **È servito**: 'at your service'.

2 **Lavora bene!**: 'He is good' (literally 'He works well').

84 1 **in der Menschlichkeit seiner Träger**: 'because of
the human frailty of its exponents'.

'The equivocal, impure, and tangled character of the occult' had engaged Thomas Mann's attention before, in Chapter 7 of *Der Zauberberg* (cf. the section significantly entitled 'Fragwürdigstes'), and in the essay *Okkulte Erlebnisse*, which describes a *séance* at the house of Dr A. von Schrenck-Notzing, a well-known occultist. Thomas Mann was satisfied that the levitations and the other telekinetic phenomena which he had observed at this *séance* could not have been faked. His reaction is summed up in the following sentences:

> Die so reizvolle wie vertrackte innere Lage ist eben die, daß die Vernunft anzuerkennen befiehlt, was wiederum die Vernunft als unmöglich von der Hand weisen möchte. Das Wesen der geschilderten Erscheinungen bringt es mit sich, daß auch dem, der mit Augen sah, der Gedanke an Betrug, besonders nachträglich, sich immer wieder aufdrängt; und immer wieder wird er durch das Zeugnis der Sinne, durch die Besinnung auf seine ausgemachte Unmöglichkeit, widerlegt und ausgeschaltet.

85 1 **nur ein Prinzip:** the 'Leader principle' of Fascist political thought. Cf. Introduction, p. xxviii.

86 1 **das Schluß- und Hauptwort:** Note how the basic meaning of *Hauptwort* here prevails over the conventional connotation: in this context it means, not just 'the noun', but 'the key word'.

87 1 **im . . . unreinen:** 'carelessly', 'inaccurately'. The expression is normally used with reference to written work: 'a rough copy'.

89 1 **Glaubten wir B sagen zu müssen:** 'Did we think it was a case of "in for a penny, in for a pound"?'
    2 **seinen Sack:** 'his bag of tricks'.

90 1 **und da wir im großen nicht 'abgereist' waren:** 'and since we had not "retreated" from Torre altogether, it would have been inconsistent to do so in this particular case.'
    2 **una cioccolata e biscotti:** 'a cup of chocolate and biscuits'.
    3 **Subito!:** 'At once', 'Right away'.

92 1 **vorstellungsweise:** 'in his imagination'.

94   1 **wie mit geschlossenen Füßen**: 'as if her legs were
         fettered'. Cf. Faust's vision of Gretchen towards the
         end of the Witches' Sabbath scene in Part I, ll. 4185ff:

> . . . siehst du dort
> Ein blasses, schönes Kind allein und ferne stehen?
> Sie schiebt sich langsam nur vom Ort,
> Sie scheint mit geschloßnen Füßen zu gehen.

  2 **Accidente!**: 'Confound it!'

95   1 **Hände an der Hosennaht**: 'standing at attention'.

96   1 **Balla!**: 'Dance!'

97   1 **Una ballatina!**: 'A little dance!'

  2 **sein 'Fall'**: The inverted commas are intended to call
         attention to the double meaning of the word – his
         'case' and his 'fall'.

98   1 **Kirke**: In the tenth Book of the *Odyssey*, Odysseus tells
         of his adventures on the island of Circe, the enchan-
         tress, whose magic turned his companions into swine:

> When she had got them into her house, she set them
> upon benches and seats and mixed them a mess with
> cheese, honey, meal, and Pramnian wine, but she drugged
> it with wicked poisons to make them forget their homes,
> and when they had drunk she turned them into pigs by a
> stroke of her wand, and shut them up in her pig-styes.
> They were like pigs – head, hair, and all, and they
> grunted just as pigs do. (Samuel Butler's translation)

> In Milton's *Comus*, the evil magician is represented
> as the son of Circe and Bacchus.

100 1 **Complet**: 'suit'.

  2 **ragazzo mio**: 'my lad'.

101 1 **etwas Sattes und Paschahaftes**: Cipolla's self-com-
         placency and autocratic insolence reach their climax
         in the episode which precipitates the catastrophe.

102 1 **Cameriere**: 'waiter'.

  2 **ein Ganymed**: In Greek mythology, Ganymede, a
         youth of remarkable beauty, was the cup-bearer of
         Zeus.

  3 **salvietta!**: Cipolla gets a cheap laugh by substituting
         salvietta ('napkin', with reference to Mario's calling)
         for the classical form of greeting, *salve!*, which he

had used previously. He underlines his feeble joke by repeating the Fascist salute.

4 **un tratto di malinconia**: 'a touch of melancholy'.

103 1 **Das wäre**: an ellipsis, suggesting some such ironical expression as *Das wäre ja noch schöner!* – 'That would be a fine thing!'

104 1 **Meeresobst**: cf. note on *frutti di mare* (p. 122). Mrs H. T. Lowe-Porter translates 'sea-urchin'. (The *giovanotto* is a fisherman.)

105 1 **die Beutelaugen**: 'his pouchy eyes'.

2 **das sich seiner Zärtlichkeit unterschob**: This is concisely and elegantly put. *Unterschieben* suggests fraudulent substitution. The hypnotist, in the role of Silvestra, invites Mario's caress on false pretences, and Mario's genuine passion is wasted on the 'repulsive flesh' of the shabby trickster.

Although Thomas Mann's prose abounds in instances of such neat and compact phrasing, and although he can write very simply when he chooses, his prose often strikes the reader as being discursive and intricate. He is a master of the long period, with many interpolations and qualifications all skilfully balanced in a complex syntactic structure. His extensive vocabulary includes numerous learned and *recherché* words, and his wide reading provided him with a rich store of literary allusions: his essays on Goethe, for example, and his novel *Lotte in Weimar* are like a whispering-gallery echoing with Goethian phrases. All this may at times expose him to the charge of pedantry and preciousness. It should be remembered, however, that he employs these devices, not for their own sake, as a mere adornment, but for the sake of that precision which is a characteristic feature of his richly textured prose. It is the prose of a writer who is determined to say exactly what he has in mind – and what he has in mind is frequently subtle, elusive, and difficult. Sometimes this involves a slow, circumspect, circuitous approach; but at other times he is equally capable of striking to the heart of the matter with some brief and pregnant phrase.

Addendum to note on page 49[2] (see page 118): In a letter to Otto Hoerth, dated 12th June 1930, Thomas Mann described Cipolla as a portrait of a real person: 'Der Zauberkünstler war da und benahm sich genau, wie ich es geschildert habe. Erfunden ist nur der letale Ausgang'.

It has been plausibly suggested that the real-life model may have been one Cesare Gabrielli, an Italian hypnotist who achieved a certain notoriety in the twenties. He performed the kind of tricks described in the story; he appeared on stage carrying a whip; he was an alcoholic, and because of a broken spine he was somewhat deformed. (Cf. Lore Hergershausen: 'Cesare Gabrielli—prototype de Cipolla?', in *Études Germaniques*, xxiii, 2, April/June 1968, pp. 268 ff.)